KB149404

"소중한 당신을 응원합니다"

년   월   일

_____ 드림

4.0시대 성공하는 직장인 필수교과서

싸가지가 있어야 성공한다

씨가지가 있어야 성공한다

정학범·김수희

책속에 지혜

CEO들은 실력을 갖춘 인재를 찾기 어렵다고 한다.
업무역량을 갖춘 인재들은 많지만
인성이 바른 인재는 드물다는 것이다.

책을 내며

·

·

·

　매년 포춘지에 발표되는 GWP(Great Work to Place) 100대 기업을 선정하는 기준은 3가지입니다. 경영진(관리자)과 조직원 간의 신뢰(Trust), 자신의 일에 대한 자부심(Pride), 그리고 동료들과의 동료애(Camaraderie)입니다. 이 중 신뢰와 동료애는 함께 일하는 사람들과의 협력을 통한 집단지성을 발휘하는 데 지대한 영향을 끼칩니다. 이 책에서 다루는 것들은 관리자와 조직 구성원의 신뢰를 조성해나가고 동료들과 협력을 만들어나가는 방법에 대한 이야기입니다.

　4차 산업혁명시대에는 무엇보다도 창의성이 요구됩니다. 불과 20여 년 전만 해도 상사가 시키는 일만 잘 완수해도 훌륭한 직원이었습니다. 그러나 이제는 새로운 상품과 서비스를 창출하기 위해 업무 프로세스의 혁신과 개선이 지속적이며 필수적인 것이 되었습니다.

　혁신과 개선은 혼자의 노력으로는 한계가 있으므로 동료들과의 협력학습을 통한 집단지성이 필요합니다. 동료들과의 협력의 질을 높이기 위해서는 조직생활의 기본을 지키며 배려하고 솔선수범하는 모습들이 요구됩니다.

이 책을 통해 조직생활에 필요한 기본적인 것을 습득할 수 있습니다. 또 취준생, 신입사원뿐 아니라 기존 직장인들과 관리자에게도 도움이 될 것입니다.

이 책이 나오기까지 많은 분의 품이 들었습니다. 먼저 좋은 동영상 교육프로그램을 기획하고 제작한 고려아카데미컨설팅과 자료 정리를 도와준 송재환 군, 그 외에 책이 나오기까지 애써주신 분들께 감사드립니다.

인성이 경쟁력이다

●

●

●

이 책은 개인의 인성과 그 인성이 조직 내에서 어떻게 긍정적인 효율을 끌어내는지, 그리고 조직은 어떻게 서로 다른 개인의 역량을 끌어내어 조직의 발전에 기여하게 하는지 상호보완적으로 해결책을 제시합니다. 그리고 개인과 조직의 가장 이상적인 모습 '협업'으로 마무리를 하는 부분도 좋았습니다.

인성의 8가지 덕목을 소개한 다음 그 8가지 덕목을 다시 '인의예지'로 가지를 묶은 것도 적절하였습니다. 또한 일관적으로 모든 챕터가 사전적 정의와 조직에서의 현실 반영, 개인 인성과의 관련성, 실제 기업들의 사례와 적용까지 군더더기 없이 깔끔한 인상을 받았습니다.

인성 부족은 조직에 부정적인 영향을 미칩니다. 예를 들어, 인성 부족으로 인한 사회적 범죄가 사내에서 발생하면 대외적으로 조직의 이미지를 실추시킬 수 있습니다. 또 인성이 부족한 조직 구성원이 많을 경우 이직률 증가와 생산성 저하 등 부정적인 결과를 가져올 확률이 높아집니다.

인성교육을 통해 개인 차원에서 타인을 존중하는 마음과 자기 자신을 사랑하는 마음을 진작시킬 수 있고, 조직이나 사회에 적응하는 능력을 높일 수 있습니다. 또한 타인에게 인정받을 수 있으며 기업이 원하는 인재상에 부합할 수 있습니다. 이와 함께 인간관계에서 받는 스트레스를 줄일 수 있으며, 여유 있고 행복한 삶을 살 수 있고 직장상사나 부하직원과 원만한 인간관계를 유지해 직장생활에서 오는 불만 요소를 줄일 수 있습니다. 인성교육은 기업 브랜드 이미지에 긍정적 효과를 줍니다. 또한 구성원의 업무 만족도와 사회공헌 책임 수행능력도 향상되고 우수한 인재 육성도 가능합니다. 그러므로 개인뿐 아니라 조직 차원, 더 나아가 사회적인 상생을 위해 인성교육은 반드시 필요합니다. 이 책은 이런 필요에 대해 해답을 제공해줄 것으로 믿습니다.

공병호(공병호연구소 소장)

당신은
싸가지가 있습니까?

    ·
    ·
    ·

'싸가지'라고 하면 무엇이 떠오르는가?

이 책에서는 싸가지를 네(四) 가지 곧 '인의예지(仁義禮智)'로 풀었다. 사람들은 바쁘고 복잡한 일상에서 혼자 있고 싶다고 외치면서도 정작 혼자 있으면 외로움을 느끼는 모순된 감정을 가지고 있다. 그렇다면 우리가 '같이'의 가치를 느끼며 행복하게 살기 위해 필요한 것은 무엇일까?

4차 산업혁명시대에 생산되는 많은 상품과 서비스는 고객의 고차원적인 욕구에 부응해야만 선택받을 수 있다. 특히 매슬로가 말한 자기 존중의 욕구와 자기실현의 욕구 등에 초점을 맞추어야 호응을 얻을 수 있는 시대이다. 4차 산업혁명시대의 돌입은 오히려 인간에게 더 집중하고 연구해야 하는 시대적 요구를 만들었다. 이러한 시대적 변화 속에서 기업은 어떠해야 하는가? 기업 역시 더불어 살아가는 집단지성을 발휘하기 위한 협업이 필수이다. 이를 위해 조직의 구성원을 더 존중하고 배려하는 조직문화를 구축해야 하는 것이 과제이다.

인간이 나이를 먹고 또 사회적 지위가 높아질수록 그 위치와 연령에 맞는 역할과 책임을 다하는 것이 더 어려워지고 있다. 조직 구성원들의 말과 행동에서 인성이 그대로 드러난다. 주변의 CEO들을 만나보면 인성을 갖춘 인재를 찾기 어렵다는 하소연을 하곤 한다. 필자는 대학생들에게 강의 때마다 '취업하면 어디서나 누구에게든지 인사를 꼭 하라'고 예의를 강조한다.

2015년 '인성교육진흥법'이 본격 시행되면서 학교에서의 인성교육의 필요성이 강조되고, 직장생활에서 인성교육이 더욱 활발하게 실시되고 있다. 이 책에서는 조직생활을 하는 모든 사람에게 필요한 내용을 인의예지 4가지 영역으로 다루었다.

사회생활, 특히 직장생활을 하는 데 있어서 전략적 사고능력, 관계역량과 실무역량을 갖추어야 한다. 실제로 주변을 둘러보면 전략적 사고능력과 실무역량은 뛰어난데 관계역량의 부족으로 조직에서 능력 발휘를 못하거나 인정받지 못하는 경우가 자주 발생한다. 이 책은 관계역량을 키우는 데 도움이 되는 책이다. 관계역량은 인간의 됨됨이와 관련된 것으로 쉽게 바뀔 수는 없지만 불가능한 것은 아니다. 이 책이 여러분의 원만한 인간관계와 조직생활을 하는 데 참고가 될 것이다.

조직생활에서 자주 발생하는 사례들을 통해 자신을 되돌아보고 매일 조금씩 노력한다면 좋은 관계역량을 갖게 되고 나아가 조직에서 인정받을 수 있다. 일을 잘하기 위해서는 자신의 직무와 관련된 지식, 기술, 태도를 갖추는 것이 중요하다. 이 중 지식과 기술은 학교교육으로 많이 학습해 온 반면, 태도에 대한 교육은 많이 부족한 것이 현실이다. 어쩌면 우리는 가장 중요한 것을 놓치고 있었는지 모른다. 이 책은 직장인으로서 필요한 태도를 갖추는 데 도움이 될 것이다.

이 책에 인용된 여러 조직의 사례들이 저마다 깊은 의미를 가지지만, 가장 중요한 것은 '예(禮)'이다. 즉, 인간으로서 높은 도덕적 기준을 가지고 인간의 도리를 하면서 살아가야 한다는 것이다.

에머슨은 『무엇이 성공인가』라는 글에서 '다른 사람들을 행복하게 하였다면 인생은 성공적'이라고 했다. 인간의 도리를 계속해 나간다면 선한 영향력을 통해 여러 사람을 행복하게 할 수 있다.

차례

인사말 책을 내며 · · · · · · · · · · · · · · · · · · 08

추천글 인성이 경쟁력이다 · · · · · · · · · · · · 10

들어가며 당신은 싸가지가 있습니까? · · · · · · 12

첫째 가지

인仁

01. 왜 인성인가

기업에서는 정말 인성을 중요하게 생각하는가? · · · · · · · · · · 23

인성이 좋지 않은 직원(구성원)은 조직에 어떠한 영향을 주는가? · · · 24

인성이란 무엇인가? · 26

인성을 결정하는 요인 · 27

인성교육의 필요성 · 31

인성교육을 통해 개인과 조직이 얻는 가치 · · · · · · · · · · · · 33

02. 배려

자신의 업무를 대신해 달라는 동료, 어떻게 하는 것이 바람직한가? · · · 39

문제를 일으킨 사람에게도 배려해야 하는가? · · · · · · · · · · · · · 39

배려하는 조직문화를 위해 · 40

현명한 배려방법 · 42

배려로 변화되는 우리 · 48

03. 존중

직장에서도 따돌림 문화가 존재하는가? ·················· 55
호칭의 변화가 기업의 존중문화에 도움이 되는가? ················ 56
존중에 대한 이해 ·················· 56
'나'로부터 시작되는 존중 ·················· 60
상하좌우! 서로 존중하는 방법 ·················· 63
존중의 힘 ·················· 68

둘째 가지

의義

04. 정직과 투명성

회사에서 정직하면 손해일까? ·················· 75
고객에게 정직하면 큰 피해가 예상될 때 ·················· 75
원칙과 현실 사이의 괴리감 ·················· 76
투명성 vs 불투명성 ·················· 83
투명성이 답이다 ·················· 86

05. 책임의식

기업의 핵심 인재 조건 1순위는 무엇인가? ·················· 93
책임감 보존의 법칙이란? ·················· 93
책임감이란 무엇인가? ·················· 95
책임감 바이러스란 무엇인가? ·················· 97
책임감 바이러스의 양상 ·················· 98
책임감 바이러스 극복 방안 ·················· 102

셋째 가지
예禮

---

06. 기업가치 준수

성공하는 회사로 만들기 위해 기업 가치관은 정말 중요한가? ··· 109

기업 가치관에서 중요한 것은 CEO의 가치관인가? ·············· 110

기업의 가치관에 대한 이해 ························· 111

기업가치, 어떻게 만들어지는가? ····················· 118

기업가치를 대하는 우리의 올바른 태도 ·············· 122

---

07. 직장예절

직장에서 동료 간 예절은 잘 지켜지고 있는가? ············· 127

직장인으로서 갖추어야 할 직장예절의 기본은 무엇인가? ········ 127

예절은 선택? 필수? ···························· 128

직장생활의 기본 예절 ························· 132

예절은 직장인의 경쟁력 ························· 138

넷째 가지
지智

08. 소통 1

어떤 상황에서 소통의 어려움이 있는가? ················ 145

소통문화가 정착된 기업은 어떤 점이 좋은가? ········· 146

커뮤니케이션과 소통 ······································· 147

소통과 인간관계의 연관성 ······························· 150

소통을 가로막는 태도 ····································· 153

09. 소통 2

척하면 척하고 알아듣는 것이 무조건 바람직한가? ········· 161

대화에서 리액션이 필요한가? ························· 161

소통 기술이 필요한 이유 ·································· 162

성공적인 소통 기술 익히기 ······························ 167

소통, 이럴 땐 이렇게 ······································ 172

10. 협업

기업 경영에서 협업의 중요성이 커지고 있는가? ········· 177

협업문화를 위한 노력은 잘되고 있는가? ··············· 178

조직에서의 협업 ·· 179

협업은 시너지, 1+1=4를 창조하는 작업 ··············· 187

<참고문헌>

첫째
가지

仁

01

왜 인성인가

Personality

대부분의 기업 업무가 시스템 혹은 인공지능 로봇으로 대체되면서 기업이 인재들에게 기대하는 성과 구조가 달라지고 있다. 지금 기업에서 인재들에게 기대하는 것은 협력학습과 집단지성으로 문제를 해결하는 능력인데, 협력이라는 측면을 성공시키는 핵심 요건이 바로 '인성'이다. 그렇다면 스펙 중심의 인사제도는 어떻게 변화해야 할까? 이 역시 인성과 태도 중심으로 바뀌어야 한다.

정부는 2015년 12월 10일, 학생들을 대상으로 하는 8가지 덕목의 '인성교육진흥법'시행규칙을 제정하였다. 기업에서도 인성의 덕목을 기업 상황에 맞게 접목하는 움직임이 활발해지고 있다. 기업에서 그 중요성이 높아지고 있는 인성이란 무엇이며, 인성교육은 왜 최근 들어 주목받고 있을까?

기업에서는 정말
인성을 중요하게 생각하는가?

최근 들어 인성의 중요성이 부각되고 있다. 기업에서도 사원 채용 시 면접 과정에서 인성을 상당히 중요시하고 있는 추세이다. 온라인 취업 포털 '사람인'에서 인사담당자를 대상으로 '신입사원 채용에서 뽑고 싶은 지원자 유형'에 대해 설문조사를 실시했다. 그 결과 1위는 '밝고 예의 바른 태도를 지닌 지원자'였다. 그다음으로 자신감 넘치고 열정적인 지원자, 회사와 직무에 대한 이해도가 높은 지원자, 직무 관련 경험이 많은 지원자 등이 뒤를 이었다. 이 설문 결과는 역시 인성과 태도가 중요하다는 것을 보여준다.

그렇다면 인사담당자들이 밝고 예의 바른 태도를 지닌 사람을 1위로 뽑고 싶은 이유가 뭘까? '적응을 잘하고 오래 다닐 것 같아서'라는 응답이 가장 많았고, 그다음으로 발전 가능성이 크고 성장이 빠를 것 같아서, 조직 분위기를 좋게 만들 것 같아서, 위기 상황에도 흔들리지 않고 버틸 것 같아서 등의 답변이 나왔다.

반면, 신입사원 채용에서 기피하는 유형은 어떤 유형일까? 예상되는 것처럼 '태도가 불손하고 예의가 없는 지원자'가 1위였고, 기본적인 자격 조건도 못 갖춘 지원자, 자신감 없고 소극적인 지원자, 회사나 직무에 대한 이해도가 낮은 지원자 등의 순으로 집계되었다. 대부분의 기업이 스펙보다 인성이나 태도를 중요하게 보고 있다는 것을 알 수 있다.

인성이 좋지 않은 직원(구성원)은
조직에 어떠한 영향을 주는가?

　인성이 좋지 않은 직원은 조직에 어떠한 영향을 미칠까? 한 기관에서 직장인에게 나쁜 상사와 관련하여 설문조사를 실시하였다. '나쁜 상사 때문에 회사를 그만둬야겠다고 생각한 적이 있는가?'라는 질문에 과연 몇 명이 그렇다고 대답했을까? 무려 91.9%가 '그만둬야겠다고 생각한 적이 있다'고 답변했다고 한다. 심지어 61.3%는 나쁜 상사 때문에 실제로 회사를 그만둔 적이 있다고 응답했다. 이는 상사의 인격과 인성이 부하 직원에게 미치는 영향력이 실로 엄청나다는 것을 의미한다.

　이뿐만 아니라 업무적인 측면에서도 '나쁜 상사는 근무 의욕을 저하시켜 실적을 떨어뜨리는가?'라는 질문에 93.8%가 그렇다고 답변했다. 이처럼 나쁜 상사로 인한 개인적, 조직적 피해는 상당히 크다. 그렇다면 어떤 상사를 나쁜 상사라고 정의할 수 있을까?

　혹시 여러분도 다음에 해당되는 것은 아닌지 확인해보자. 책임질 일에 발뺌을 하는 상사, 업무 관련 말을 자주 바꾸는 상사, 강요·폭언하는 상사, 부하를 감시하는 상사, 무능한 상사, 부하직원의 공을 가로채는 상사 등을 들 수 있다.

　반대로 좋은 상사의 모습으로는 소통능력이 뛰어난 상사, 후배를 키워주는 상사, 따뜻한 인성을 가진 상사 등이 있다. 물론 이 설문이 상사에 초점을 두기는 했지만 실은 동료나 부하 직원에게도 적용할 수 있다.

표> 이런 부하직원이 좋다

- 적극적이고 긍정적인 자세로 근무하는 사람
- 새로운 시각에서 참신한 아이디어를 제안하는 사람
- 인사를 잘하고 예절이 바른 사람
- 업무능력이 뛰어나고 진행속도가 빠른 사람
- 실수를 인정하고 조언을 구하는 사람
- 퇴근이 늦더라도 동료의 일을 도와주는 사람
- 일찍 출근해서 업무를 준비하는 사람
- 뚜렷한 미래설계를 갖고 생활하는 사람
- 지시할 때 메모하며 경청하는 사람
- 용모가 단정한 사람

출처: (직장인 1,200명 대상 / 중앙일보 2004.2.19)

표> 퇴직을 권유하고 싶은 부하직원

- 아무 생각 없이 시키는 대로만 일하는 부하직원
- 말귀를 못 알아듣는 사오정 부하직원
- 이의 제기와 불평불만을 일삼는 부하직원
- 업무능력은 모자라면서 상사 비위만 맞추는 부하직원
- 조직의 규율을 지키지 않는 부하직원
- 예의 없는 부하직원
- 부정적인 부하직원, 책임을 회피하는 부하직원
- 회식, 모임 등에 자주 빠지는 부하직원
- 개인생활과 직장생활의 구분이 모호한 부하직원

출처: (직장인 1,200명 대상 / 중앙일보 2004.2.19)

그만큼 직원의 인성은 긍정적인 영향과 부정적인 영향을 가르는 핵심 요인 중 하나라고 볼 수 있다.

인성이란 무엇인가?

•

'인성'에 대해서는 다양한 정의가 존재한다. 미국의 행동주의 심리학자 스키너(Skinner)는 인성을 '개인의 특정한 변화 과정을 통해 학습한 일련의 행동유형'이라고 했다.

사회심리학자 올포트(Allport)는 '자신의 환경에 독특하게 적용하는 방식을 결정해주는 심리적, 신체적 체계들의 동태적 조직'으로 정의하고 있다. 또한 프로이트(Frued)는 '개인의 본능적 욕구를 현실적, 도덕적 제약 중에 합리적으로 충족시켜 나가는 방식'을 인성으로 파악했다.

로저스(Rogers)는 '개인이 자신의 독특한 주관적인 경험 속에서 자아실현을 이뤄가는 과정'으로 인성을 이해했다.

이렇게 다양한 정의를 하나로 정리하면 인성이란 '개인을 타인과 구별되게 하는 독특한 심리적 특성의 집합'이라고 하겠다. 곧 개인이 타인과 상호작용하면서 어떻게 보고 생각하며 어떻게 행동하고 느끼는가를 반영하는 일련의 신체적, 정신적 특성들의 집합이라 할 수 있다.

즉, 인성은 인간 행동의 보편성을 가지며 본연성과 관련이 있는 성격과 인격의 결합체이다. 또한 개인의 마음과 유기적으로 연관성 있고 개인과 사회적 수준을 고려하는 포괄성을 가진다. 그리고 가치지향적이며 내부지향적인 여러 가지 측면을 갖는다.

인성을 결정하는 요인

• •

그렇다면 인성은 어떻게 결정될까?

인성은 인간이 상호작용하는 수많은 요인들의 한 결과이기에 지구상에 살고 있는 사람들이 모두 제각각이다. 설사 똑같은 요인들을 가지고 있다고 하더라도 어느 누구에게는 특정한 요인이 강하게 작용하고 또 다른 사람에게는 그 요인이 약하게 작용하는 등 상호작용의 유형에서 차이가 날 수 있다. 인성에 영향을 미치는 주요 요인에는 유전적 요인, 자연적 요인, 개인 경험의 요인, 문화적 요인, 기질적 요인 등이 있다.

각 요인에 대한 세부 내용을 확인해보면, 유전적 요인은 부모의 생물

학적, 생리학적 및 유전 심리학적 구조에 의해 영향을 받는다는 것으로 신체적 구조, 정신 신경학적 구성, 기형 또는 장애 등과 같은 신체적 결함의 유무를 의미한다.

자연적 요인은 개인이 살고 있는 지역의 고도, 기후의 차이에 의해 영향을 받는다는 견해이다. 특정 지역 구성원들이 섭취하는 음식물에 함유된 무기질 성분이 내분비 체계에 영향을 줄 수 있다는 사실이 의학적으로 증명되기도 했다. 북극지방에 사느냐, 사막지역에 사느냐, 강우량이 많은 열대우림지역에 사느냐 하는 등의 지역적 요인은 거주자의 생활태도와 인성 형성에 영향을 줄 수 있다.

개인 경험의 요인은 일상생활에서 발생하는 우연한 것들에 의해 영향을 받으며 인성 결정에 주요한 역할을 한다. 이는 같은 직종이나 업종에서 일하는 사람들 사이에서도 인성의 차이가 발생하는 원인이 된다. 예를 들어 여러 팀을 총괄하는 영업본부장이 팀별로 동일한 과제를 주었을 때 1팀의 팀장은 깔끔하게 처리하고 2팀의 팀장은 완수 자체를 못하는 경우에도 영업본부장은 1팀장보다 2팀장을 더 좋아할 수 있다.

다음으로 문화적 요인은 개인이 접하는 문화에 의해 영향을 받는다는 것이다. 예를 들어, 유럽에서 사는 사람과 아시아에서 사는 사람은 인성이 다를 수밖에 없다. 문화는 인간이 어떻게 생각하고 느끼고 행동해야 할지에 대한 지침을 제공한다. 예컨대 도시 사람은 일반적으로 조급하고 농촌 사람은 여유로운 것을 들 수 있다.

끝으로 기질적 요인은 개인의 생체 내의 생리적 기초와 밀접하게 관

표> 인성의 성질

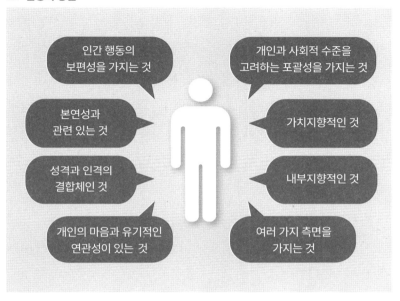

련된 인성의 하위 개념으로 규정되어 있다. 또 유전, 성숙, 경험에 의해 시간이 가면서 영향을 받을 수 있다.

　개인의 인성에는 유전적인 요인이 더 크게 작용할까 아니면 환경적인 요인이 더 크게 작용할까? 이에 대한 답을 제공하는 대표적인 사례가있다. 바로 영화 '트윈스터즈(Twinsters)'의 실제 주인공인 사만다와 아나이스의 이야기이다. 한국에서 일란성 쌍둥이로 태어난 직후 미국으로 입양된 사만다와 프랑스로 입양된 아나이스 두 사람은 쌍둥이라는 사실을모른 채 25년을 살다 SNS를 통해 우연히 서로를 찾아 실제로 만나게 된다. 일란성 쌍둥이인 사만다와 아나이스는 처음 만난 날 놀랍도록 비슷한 외모, 식성, 패션 취향에 놀랐다. 전문기관의 검사를 받은 결과 이해력, 기획력, 자제력 등의 항목에서 같은 수치를 나타냈으며, 경쟁력과 창의력 항목에서도 거의 비슷한 수치를 드러냈다. 반면 성격을 나타내는 감성적, 정서적 항목인 감정 기복과 외향성에서는 큰 차이가 보였다. 그 이유를 확인해본 결과, 사만다와 아나이스가 그동안 자라온 가정환경과 생활환경의 차이 때문이었다. 즉, 인성은 선천적인 부분으로만 결정되는 것이 아니라 환경적인 영향을 크게 받는다는 것을 이 쌍둥이 자매의 사례를 통해 알 수 있다.

<인성의 8가지 덕목>

2015년 정부는 '인성교육진흥법'을 제정, 공포했다. 여기에는 인성의 8가지 핵심가치 덕목을 명시하고 있다. 바로 예, 효, 정직, 책임, 존중, 배려, 소통, 협동인데, 이 8가지 덕목을 기업의 상황에 맞춰 다음과 같이 적용할 수 있다.

직장인으로서의 예를 갖추기 위해 노력하는 마음가짐인 직장예절, 기업에서 정한 가치관을 존중하고 따르는 기업가치 준수, 직장생활에서 과장이나 거짓이 없고 올바른 마음을 가지는 정직과 투명성, 직장인이 마땅히 해야 할 과업이나 행동인 책임의식, 조직 구성원을 있는 그대로 인정하고 사랑해주는 존중, 조직에서 다른 구성원을 도와주거나 보살피는 배려, 구성원들끼리 정보를 공유하거나 뜻을 같이하기 위한 소통, 조직의

표> 인성의 8가지 덕목

❶ 예(禮) : 지켜야 할 모든 절차나 질서
❷ 효(孝) : 부모를 정성껏 섬기는 것
❸ 정직 : 과장이나 거짓이 없고 올바른 마음을 말하는 것
❹ 책임 : 맡은 어떤 일에 관련되어 마땅히 해야 할 의무 또는 부담
❺ 존중 : 다른 사람의 인품이나 행동 및 사상을 높여 대하는 것
❻ 배려 : 도와주거나 보살펴 주려고 마음을 쓰는 것
❼ 소통 : 서로 막히지 아니하고 뜻이 서로 통하게 오해가 없는 것
❽ 협동 : 서로 마음과 힘을 하나로 만드는 것

2015년 12월 10일 제정『인성교육진흥법』

목표 달성을 위해 구성원들이 힘을 합하여 행하는 협업 등이다. 직장예
절, 기업가치 준수, 정직과 투명성, 책임의식, 존중, 배려, 소통, 협업 등 8
가지 덕목은 이 책의 주된 테마임과 동시에 조직원과 사회 구성원으로서
갖추어야 할 요소이다.

인성교육의 필요성

●●●

'인성교육진흥법'에서는 인성교육을 '자신의 내면을 바르고 건전하게
가꾸고 타인 · 공동체 · 자연과 더불어 살아가는 데 필요한 인간다운 성품
과 역량을 기르는 것을 목적으로 하는 교육'이라고 정의하고 있다. 이 법
안에 따라 2015년 12월부터 국가와 지방자치단체, 학교에 인성교육 의무
가 부여되었다. 정부는 인성교육진흥위원회를 설립, 5년마다 인성교육

종합계획을 수립하도록 했다. 그 외에도 인성교육에 대한 다양한 정의는 다음 표와 같다.

그렇다면 이러한 인성교육은 조직에서도 과연 필요할까? 물론 필요하다. 그 이유는 다음과 같이 6가지로 정리해볼 수 있다.

① 경제의 세계화에 따라 기업은 경쟁문화에 치중한 나머지 구성원의 인성교육에 거의 비중을 두지 않고 있다.

② 기업 내부에서도 경쟁 과열로 인해 조직 구성원의 스트레스가 심

표> 인성교육에 대한 다양한 정의

└ 유교의 교육적 전통에서 추구해온 도덕적 인격의 완성, 서양의 인간주의적 교육에서 추구해온 자아실현인 자유교육에서 추구해온 보편적인 교양을 갖춘 인간의 모습을 실현하도록 돕는 교육(조난심, 1997)

└ 덕성, 능력, 교양을 겸비한 인간의 육성보다 덕성을 바탕으로 교양을 겸비한 인간의 교육(한국교육개발원, 1994)

└ 정직, 존중, 책임감과 같은 핵심적 덕목에 따라 이해하고 배려하고 도덕적이고 민감하게 행동하는 기술과 성향을 신장시키는 것(U.S. Department of Education, 2004)

└ 개인과 사회가 유익한 핵심 덕목을 이해하고, 이런 가치에 대해 마음을 쓰며, 이에 따라 행동 할 수 있도록 돕기 위한 의도적이고 집중적인 노력 (T. Likona, 1993)

└ 바람직한 자질과 특성, 보편적인 핵심 도덕적 가치를 발달시키고자 하는 개인과 사회의 의식적인 노력(Hoge, 2002)

해지고 구성원 간의 유대감과 서로에 대한 존중문화도 부족해지고 있다.

③ 구성원 간의 정보 공유 및 아이디어 공유가 안 되므로 조직 발전에 상당한 타격을 입힐 수 있다.

④ 상급자의 인성 부족은 하급자에 대한 폭언 및 욕설 그리고 성희롱 같은 범죄가 증가하는 결과를 초래할 수 있다.

⑤ 인성 부족으로 인한 사회적 범죄가 사내에서 발생할 경우 대외적으로 이미지를 실추시킬 수 있다.

⑥ 인성이 부족한 조직 구성원이 많을 경우 이직률의 증가와 생산성 저하 등 부정적인 결과를 가져올 확률이 높아진다.

조직은 효율적인 경영을 위해 생산성 향상, 획기적인 아이디어 창출, 효과적인 인력 배치 이외에도 여직원에 대한 성희롱, 하급자에 대한 폭언 및 욕설, 사내 왕따 등 사회적 범죄 예방을 위한 인성교육을 병행해야 한다.

인성교육을 통해
개인과 조직이 얻는 가치

••••

인간관계에서 신뢰와 배려, 상호 존중과 같은 행동과 태도는 인성에서 나오는 것이며 진심과 선의가 없이는 조직을 이끌 수도, 함께할 수도 없다. 실제로 업무 현장에서 인성교육이 얼마나 중요한지를 보여주는 조사 결과가 있다.

　온라인 취업포털 '사람인'에서 퇴사시키고 싶은 직원에 대해 설문조사를 실시한 결과, 1위는 '팀 분위기를 저해하는 직원'이었다. 그리고 회사에 대해 불만이 많은 직원, 잦은 지각과 결근 등 근태 불량 직원, 시키는 일만 적당히 하는 직원, 근거 없는 소문이나 뒷담화를 즐기는 직원, 성과를 내기보다 사내 정치를 하는 직원, 업무를 독단적으로 처리하는 직원 등이 뒤를 이었다. 1위에서 7위까지 모두 인성과 직결되는 문제이다.

　이와 함께 퇴사시키고 싶은 직원 블랙리스트가 있는지에 대해 물었더니 기업 10곳 중 4곳인 41.5%가 '있다'라고 답했다. 또한 전체 직원 중 블랙리스트 직원은 평균 12%나 차지하는 것으로 집계되었는데 블랙리스트에 올릴 때에는 성과 등 업무역량보다 태도 등 인성에 더 많은 비중을 둔다는 응답이 74.8%로 나왔다.

　이렇게 인성이 부족한 직원은 근무 분위기 저해, 해당 팀 성과 저하, 대외적으로 회사 이미지 실추 등의 결과를 낳는다.

　인성교육을 통해 우리가 얻을 수 있는 것은 무엇인지 개인과 조직 차원으로 나누어서 확인해보자. 먼저 개인적 차원으로는 타인을 존중하는 마음과 자기 자신을 사랑하는 마음을 진작시킬 수 있고, 조직이나 사회에 적응하는 능력을 높일 수 있다. 또한 타인에게 인정받을 수 있으며 기업이 원하는 인재상에 부합할 수 있다. 이와 함께 인간관계에서 받는 스트레스를 줄일 수 있으며, 여유 있고 행복한 삶을 살 수 있고 직장상사나 부

표> 직장인이 가져야 할 인성의 8가지 덕목

❶ 예(禮) → 직장예절	❷ 효(孝) → 기업가치 준수
직장인으로서의 예를 갖추기 위해 노력하는 마음가짐	기업에서 정한 가치관을 존중하고 따르는 것
❸ 정직 → 정직과 투명성	❹ 책임 → 책임의식
직장생활에 있어서 과장이나 거짓이 없고 올바른 마음	직장인이 마땅히 해야 할 과업이나 행동
❺ 존중 → 존중	❻ 배려 → 배려
조직 구성원을 있는 그대로 인정하고 사랑해주는 것	조직에서 다른 구성원을 도와주거나 보살피는 것
❼ 소통 → 소통	❽ 협동 → 협업
구성원들끼리 정보를 공유하거나 뜻을 같이하기 위해 하는 것	조직의 목표 달성을 위해 구성원들이 힘을 합하여 행하는 것

하직원과 원만한 인간관계를 유지해 직장생활에서 오는 불만적 요소를 줄일 수 있다. 그뿐만 아니라 직장생활의 부적응에서 오는 손실 비용을 줄일 수 있고 거래처나 하청업체 직원들과 상생 협력하는 관계 유지가 가능하다. 어떠한 어려움에 처해 있을 때 개인적으로 도움을 받을 수 있는 네트워크가 많이 생기고 소비자의 심리나 창의적인 사고의 기반이 될 수도 있다.

조직 차원에서는 구성원의 이직률을 낮출 수 있고 서로 배려하는 조직문화를 형성하여 사내 폭언 및 욕설, 성희롱을 예방할 수 있다. 유연한 조직문화로 구성원의 목표 성취율을 높일 수 있으며 기업의 브랜드 이미지에 긍정적 효과를 줄 수 있다. 또한 구성원의 업무 만족도와 사회공헌 책임 수행능력도 향상되고 우수한 인재 육성도 가능하다. 부서 간의 이해와 협력뿐만 아니라 상생업체와의 협력관계도 강화할 수 있다. 그러므로 개인뿐 아니라 조직 차원, 나아가 사회적인 상생을 위해 인성교육은 반드시 필요하다.

여러분이라면 이런 상황에서 어떻게 대처하겠는가?

01. 당신은 마케팅팀 팀장 1년차로 드디어 첫 인사평가를 실시해야 하는 시점을 맞이했다. 다섯 명의 팀원 중 한 명을 선발하여 추가적인 인센티브를 부여해야 하는데 최 과장과 전 과장 중 누구를 뽑아야 할지 고민스럽다.

02. 최 과장은 업무 센스가 높아 개인성과는 가장 우수하지만, 팀 공동성과로 책정되는 프로젝트에 대해서는 적극적이지 않고 빠지려는 경향이 눈에 보인다.

03. 전 과장은 최 과장에 비해 상대적으로 업무 센스가 낮지만 전체적으로 보았을 때에는 성과가 높은 편에 속한다. 특히 팀 공동성과로 책정되는 프로젝트에 적극 참여하여 동료들과 시너지 창출을 주도하는 모습을 보이며 팀에서 동료들과 가장 협력적인 관계를 유지한다.

다음 중 하나를 선택해보고 선택한 이유를 말한 후 전문가의 의견을 확인해보자.
① 개인성과가 높은 최 과장에게 인센티브를 준다.
② 조직성과에 공헌도가 높은 전 과장에게 인센티브를 준다.
③ 최 과장은 인센티브를 주고 전 과장을 팀장으로 육성한다.

전문가 의견

01. 대외적으로는 별 탈이 없을 수 있겠지만, 팀 내부적으로는 성과에 대한 그릇된 기준이 자리 잡을 수 있다.

02. 팀 내부적으로 긍정적인 문화를 만들 수 있겠지만, 대외적으로는 객관적이지 못하다는 평판을 얻을 수 있다.

03. 실무역량과 관리역량을 모두 가질 수 있다면 좋겠지만, 팀 내에서 이 두 가지 역량에 대한 인력이 나뉘게 된다면 개인적인 성과에 대한 보상과 관리자로서의 육성을 다른 시각에서 바라보며 조직을 이끌어가는 것이 바람직하다.

배려

Care ───────────────────────────

　　동료를 배려하는 것이 언제나 옳은 일일까? 동료에 대한 배려는 이상적이지만 조직 행동의 측면에서 바라보면 바람직하지 않을 수도 있다. 배려의 이면에는 '상대가 최선을 다하고 있는가' 하는 물음이 선행되어야 한다. 최선을 다하고 있지 않은 동료에 대한 배려는 결국 그 동료의 의지를 약하게 만들거나 지속적인 의존을 기대하게 만든다. 어쩌면 그는 이렇게 생각할지도 모른다. '왜 지난번에는 도와주고 이번에는 안 도와줘? 이제 도와주는 사람이 없으니 못하겠네'라고. 그렇기 때문에 도움과 같은 배려의 행위는 명확한 기준이 있어야 한다. 동료에 대한 배려가 매번 나를 지치게 하거나 상대에 대한 불만을 쌓이게 한다면 이는 바람직하지 않다. 그렇다면 배려를 하면 안 되는 걸까? 우리는 조직 내에서 어떠한 배려를 해야 할까?

자신의 업무를 대신해 달라는 동료,
어떻게 하는 것이 바람직한가?

　　동료들 중에 개인 사정을 얘기하면서 자신의 업무를 대신해 달라는 경우가 종종 있다. 이럴 땐 어떻게 해야 할까? 물론 여건이 된다면 동료의 부탁을 들어주는 것이 바람직하겠지만, 그렇다고 동료의 사정을 무조건 들어주는 것은 지양해야 한다. 동료의 개인 사정 못지않게 중요한 것이 부탁을 받은 나의 상황이다. 어떤 의미일까? 나의 일을 마무리 못하고 있는 상황에서 동료의 업무까지 맡게 된다면 내 업무 성과에도 영향이 있을 수밖에 없다. 그뿐만 아니라 부탁받은 업무도 동료의 기대 수준 이하로 수행될 수 있다. 그렇기 때문에 동료의 사정을 고려하되 나의 업무 상황과 능력, 사정 등을 우선적으로 고려해야 한다. 오히려 경우에 따라서는 처음부터 부탁을 거절하는 것이 조직이나 자신, 무엇보다 동료에게도 도움이 될 수 있다.

문제를 일으킨 사람에게도
배려해야 하는가?

　　회사 내에서 문제를 일으킨 사람에게도 배려를 해야 할까? 이럴 때는 문제를 일으킨 상황과 그 사람에 대한 신뢰도에 따라 배려의 정도를 달리해야 한다. 예를 들어 문제를 일으킨 사람이 잘 알지 못하는 사람일 경우 생각 없는 배려는 오히려 독이 될 수 있다. 왜냐하면 문제를 일으킨 사람은 반사적으로 자신의 실수나 문제를 감추고 다른 사람에게 그것을 떠넘길 방법을 찾으려 하기 때문이다. 이때 자칫 지나친 배려로 다른 사람들 앞에서 감싸주면 문제를 일으킨 사람은 오히려 자신을 감싸준 사람에게 화살을 돌리는 경우가 간혹 있다. 모든 배려가 바람직한 결과를 낳는 것은 아님을 기억해야 한다.

배려하는 조직문화를 위해

•

배려란 '나 자신의 입장이 아닌 상대방의 입장에서 생각해보고 행동하는 것'이다. 상대방의 입장에서 생각해보고 행동한다는 것은 어떤 것을 의미할까? 여기 배려의 진정한 의미를 잘 보여주는 사례가 있다.

인도의 어느 기차역. 사람이 가득한 이곳에 한 청년이 헐레벌떡 뛰어와 간신히 기차에 올라탔다. 그런데 깨끗한 신발 한 짝이 벗겨져 기차 밖으로 떨어져 나갔다. 가난한 사람이 많은 인도에서 신발은 비싸고 귀중한 물품이었으나 청년은 아랑곳하지 않은 채 한쪽 발에 남아 있던 신발을 벗어 기차 밖으로 던져버렸다. 그것을 지켜본 사람들이 청년에게 신발을 던진 이유를 묻자 청년은 이렇게 말했다고 한다.

"신발이 한 짝만 있으면 쓸모가 없잖아요. 어차피 신발을 못 신을 바에는 누군가가 그걸 줍게 하는 게 나을 것 같습니다. 그래야 그 사람이 신발 양쪽을 신을 수 있을 테니까요."

이 청년이 민족운동 지도자이자 무폭력 저항으로 인도를 이끈 마하트마 간디(Mahatma Gandhi)이다.

우리가 능동적으로 배려를 실천하다 보면 상대방을 더 이해할 수 있고, 불협화음이 발생할 때 우리의 내면을 들여다보게 된다. 스스로에게 집착해서 자기의 열등감을 찾기 위한 관심이 아니라 타인을 배려하기 위해 자신의 개선점을 찾고 자신과 상대방의 진정한 욕구를 이해하는 반성과 성찰을 시도하는 것이다.

이렇듯 배려는 성숙된 나를 만나게 하고 처음 만난 사람도 친구로 쉽게 만들어준다. 배려할 줄 아는 사람은 먼저 벽을 허물고 자신을 보여주면서 마음과 마음이 통하는 채널을 열리게 한다.

배려하는 말은 강한 리더십을 만든다. 배려는 사람들과의 신뢰관계를 강화하며, 이는 조직에서 연대감과 일체감으로 드러나고 강력한 팀워크의 기초가 된다. 파스칼은 "자기에게 이로울 때만 남에게 친절하고 어질게 대하지 말라."라고 했다.

지혜로운 사람은 이해관계를 떠나서 누구에게나 친절하고 어진 마음으로 대한다. 왜냐하면 어진 마음 자체가 나에게 따스한 체온이 되기 때문이다. 배려는 일시적으로는 손해처럼 보일 수 있지만, 배려의 행동은 현실에서 상상 이상으로 긍정적 결과를 가져오는 경우가 많다.

현명한 배려방법

∙∙

우리에게 익숙한 이솝 우화 '여우와 황새' 이야기이다.

어느 날 여우는 친한 사이였던 황새를 집으로 초대해 맛있는 음식을 대접했다. 그런데 여우는 평소 자신이 편하게 사용하던 납작한 접시에 음식을 담아 황새에게 대접했다. 가느다란 부리를 가진 황새는 그 음식을 한 입도 먹을 수 없었다. 여우는 맛있는 음식을 대접하고자 하는 의도였으나 실제로는 황새의 가느다란 부리를 배려하지 못한 결과를 초래하였고, 황새는 여우가 일부러 자신을 골탕 먹인 것이라고 오해했다.

<나쁜 배려란>

앞서 이야기한 황새와 여우의 이야기처럼 배려를 했으나 상대방이 배려로 느끼지 못한 경우이다. 좋은 배려가 되기 위해서는 황새가 먹기 편한 방법으로 음식을 주어야 한다. 그러면 어떤 것이 나쁜 배려이고, 무엇이 좋은 배려인지 살펴보자. 조직 내 사례를 통해 나쁜 배려의 행동이 어떤 것이 있는지 하나씩 알아보자.

첫째, 상대방이 원하지 않는 배려이다. 자신의 판단대로 상대방에게 배려한다는 생각으로 오히려 상대방이 싫어하거나 불편한 행위를 하는 것이다. 김 대리는 며칠 전 송 대리에게 업무 도움을 받은 일에 대한 감사의 표시로 점심을 사기 위해 식당에 갔다. 김 대리는 회를 좋아하지 않지만 송 대리를 배려하는 마음에 가장 비싸 보이는 회정식을 먹자고 권유했다. 그러나 송 대리는 회를 좋아하지 않았기 때문에 다른 음식을 먹자고 했다. 그런데 김 대리는 송 대리가 사실은 회정식을 좋아하지만 값이 비싸 자신을 배려해 거절한 것이라고 지레짐작하고 자신의 생각대로 회정식을 주문했다. 둘은 결국 음식을 모두 남겼고, 송 대리는 자신의 의사를 무시하고 음식을 주문했다고 생각해 찜찜한 하루를 보내고 말았다. 이렇듯 상대방이 원하지 않는 배려는 오해를 낳을 수 있다.

둘째, 과도한 배려이다. 한 언론사에서 직장인 성폭행에 대해 보도했다. 이를 본 최 과장은 직장 내 여성을 배려한다는 취지하에 다소 과도한 행동을 시작했다. 회의나 식사 자리에서 여직원이 평소와 같이 아무렇지도 않게 자신의 옆자리에 앉는 경우 반대편에 앉을 것을 권고하였으며, 여직원과 단둘이 사무실에 있는 상황을 만들지 않기 위해 일이 밀려 있는데도 먼저 퇴근하기도 했다. 이러한 모습들은 여직원들을 오히려 불편하게 만들었으며 여직원들과 최 과장 사이에 벽이 조금씩 생기기 시작했다. 이렇듯 과도한 배려는 도리어 상대에게 불편함으로 다가갈 수 있다.

셋째, 상황과 장소를 고려하지 않는 배려이다. 회사의 정보 유출 건으로 급하게 소집된 회의자리. 경영진을 비롯해 정보관리팀장과 실무자 그리고 정보관리팀을 관장하는 본부장이 참석했다. 회의 시작 전 회의장 분위기는 매우 무거웠다. 이때 본부장이 분위기를 바꿔보고자 농담을 했다. 이를 본 경영진은 현 상황의 심각성을 제대로 인식하지 못하고 있다며 모두가 있는 자리에서 본부장을 질책했고, 회의장 분위기는 더욱 심각해졌다. 이 사례에서 보듯 상황과 장소를 고려하는 배려가 필요하다.

넷째, 상대방의 성격을 고려하지 않는 배려이다. 김 차장은 평소 농담을 즐기는 사람으로 회사에서 분위기 메이커로 유명하다. 김 차장은 일주일 전 옆 팀에 경력직으로 입사한 양 차장과도 친분을 쌓기 위해 농담을 건네기 시작했다. 그런데 양 차장은 시간이 지나도 표정에 변함이 없었고, 농담이 약해서 그런가 하고 생각한 김 차장은 조금 더 수위 높은 농담을 건네기 시작했다. 이는 결국 양 차장의 화를 부르게 되었다. 사실 양 차장은 농담을 싫어하는 성격이었는데 입사한 지 얼마 되지 않았기에 김 차장이 농담을 해도 계속 참고 있었던 것이다. 상대방의 성격을 고려하지 않는 배려는 일방적인 자기중심적 표현으로 비칠 수 있다.

<좋은 배려의 행동>

그럼 좋은 배려란 무엇일까? 좋은 배려를 보여주는 사례로 영국 엘리자베스 여왕의 '핑거볼' 사례가 있다. 엘리자베스 여왕이 중국 관리들을 만찬에 초대한 적이 있었다. 그때 손님들이 핑거볼에 담긴 물을 식수인 줄 알고 마시는 해프닝이 일어났다. 서양식 식사법에 익숙하지 않았기 때문이었는데, 놀랍게도 여왕은 손님들이 당황하지 않도록 자신도 핑거볼의 물을 마셨다. 이 사례처럼 배려란 상대방이 편안하게 상황에 적응하도록 만들어주는 것이다.

좋은 배려를 하는 행동에는 어떤 것이 있는지 사례를 통해 살펴보자.

첫째, 상대방의 욕구를 충족시켜주는 배려이다. 장 주임은 입사동기인 황 주임과 서로 어려움을 터놓고 이야기하는 사이로 옆 부서에서 근무

한다. 어느 날 황 주임이 엑셀 함수를 사용하는 업무에서 계속 어려움을 겪고 있는 것을 눈치챈 장 주임은 업무가 끝난 후 자주 사용하는 함수를 익숙하게 활용할 수 있도록 노하우를 알려주기로 하였다. 이렇게 상대방의 욕구를 충족시키는 배려는 '고마움'이라는 인식을 심어준다.

둘째, 무의식 속에서 느끼는 배려이다. 신입사원이 입사하면 이들을 위해 새로 사무용품이나 집기를 구입해서 제공하기보다는 기존의 빈자리나 다른 동료가 사용하다가 자리 이동으로 사용하지 않게 된 집기를 사용하는 경우가 대다수이다. 그렇기 때문에 신입사원이 입사했을 때 사무용품이 미흡하거나 환경정리가 제대로 되지 않은 상태에서 그 자리에 앉게 되는 경우가 종종 있다. 탁 대리는 새로 입사하는 직원의 자리를 미리 정리하고 필요한 사무용품을 챙겨놓았다. 신규 입사자는 그러한 상황을 모른 채 과거 입사자들이 느꼈던 불편함을 전혀 겪지 않았다. 무의식 속에

서 느껴지는 배려는 GIVE & TAKE의 관점이 고려되지 않는 이상적인 배려의 모습이다.

셋째, 상황과 장소에 맞는 적절한 배려이다. 워킹맘인 홍 대리는 회사에서 근무 도중 애가 아파 병원에 보내야 한다고 어린이집으로부터 연락을 받았다. 하필 그날은 자신이 기획한 제품의 최종 결과물이 공장에서 나오는 날로 제품의 완성도를 직접 확인해야 했다. 홍 대리의 사정을 알게 된 김 팀장은 그 제품의 진행 상황에 대해 전반적으로 알고 있기에 자신이 확인할 테니 홍 대리에게 조퇴하고 아이와 병원에 다녀오라고 했다. 이렇듯 상황과 장소에 맞는 적절한 배려는 상호 간의 불편한 환경을 최소화시키고 관계성을 높여 업무를 원활하게 진행시킬 수 있다.

끝으로, 구성원의 성향과 가치관을 고려한 배려이다. 정 팀장은 팀 내 분위기 향상을 위해 회식자리를 마련하고자 하였다. 회식 장소를 고깃집으로 결정하고 팀원들에게 공지했다. 그러나 사담을 나누는 과정에서 팀원들이 술자리를 좋아하지 않고 뮤지컬, 연극 등 문화 회식을 선호하는 것을 알게 되었다. 정 팀장은 팀원들의 성향을 고려하여 뮤지컬을 보러 가는 것으로 고깃집 회식을 대체했다. 이렇게 구성원의 성향과 가치관을 고려한 배려는 상대의 개인적인 민감한 부분을 자극하지 않고 이해를 도모함으로써 상대방에게 존중받고 있다는 인식을 심어준다.

나쁜 배려와 좋은 배려에 대해 사례를 통해 알아보았다. 제시한 다양한 사례처럼 무조건적인 배려가 아니라 '좋은 배려'를 할 수 있어야 한다.

<직장 내에서 필요한 배려>

그럼 직장 내에서는 어떤 배려가 필요할까? 우선 동료 간에는 상대의 입장에서 생각해보는 것이 필요하다. 동료가 어떤 입장에서 행동이나 말을 했는지 그의 입장에서 생각해봐야 한다. 먼저 동료가 처한 상황을 고려하고, 동료가 부득이한 상황에 직면한 것인지를 파악해야 한다.

다음으로 칭찬을 아끼지 말아야 한다. 칭찬을 주고받으면 사기가 오르면서 업무 효율과 효과가 함께 향상된다. 또한 동료가 어려운 일을 겪고 있다면 도와주어야 한다. 내가 도울 수 있는 상황에서 동료가 혼자 해결할 수 없는 일이라면 도와주는 것이 좋다. 충고나 질책을 하기 전에 동료에게 어떤 사정이 있는지, 내가 오해하고 있는 건 아닌지 충분히 살펴야만 동료에게 상처를 주지 않으면서 유익한 도움을 줄 수 있다.

상사와 부하직원 간에는 어떤 배려가 필요할까? 우선 상사는 부하직원의 업무 스킬 부족으로 인한 단기적인 업무 비효율을 이해해주는 것이 필요하다. 부하직원의 업무 스킬을 정확하게 이해하고 부족한 부분이 있다면 인정하며 육성 계획을 통한 역량 강화를 지원하는 것이 좋다. 그리고 부하직원은 상사의 업무성과에 대한 부담을 이해해야 한다. 조직의 업무성과에 대한 부담은 팀장에게 주어지며 이로 인해 팀원에게 업무 지시가 내려질 수 있음을 이해해야 한다. 상사나 부하직원은 서로에게 불가피한 상황, 예를 들어 상사나 부하직원이 몸이 아프다거나 상을 당하는 등의 경우가 발생할 때 이에 대해 적절한 조치를 취해야 한다.

프랑스의 철학자 미셸 푸코는 그리스 로마 철학에서부터 '자기 배려'라는 개념을 발굴했다. 자기 배려란 '단 한 번도 되어본 적이 없는 자기가 되는 실천'을 의미한다. 우리에게는 타인에 대한 배려만이 아니라 자기 자신에 대한 배려도 필요하다. 미셸 푸코는 '주체의 해석학'에 자기 배려의 원칙 11가지를 다음 표와 같이 제시하였다.

배려로 변화되는 우리

• • •

어느 한순간에만 배려하는 것은 자기만족에 불과하다. 일상생활에서 배려심을 차곡차곡 쌓아갈 때 비로소 자신의 삶을 진정 세련되게 가꿀 수

표> 자기 배려의 원칙

원칙❶ 자기 자신을 돌보기
원칙❷ 자기 자신을 배려하기
원칙❸ 자기 자신으로 되돌아가기
원칙❹ 자기 자신에 은거하기
원칙❺ 자기 자신에게서 즐거움을 발견하기
원칙❻ 오직 자기 자신 안에서만 쾌락을 추구하기
원칙❼ 자기 자신과 친구가 되기
원칙❽ 성체 속에서 있는 것처럼 자기 자신 안에 있기
원칙❾ 자기 자신을 치료하기
원칙❿ 자기 자신을 경배하기
원칙⓫ 자기 자신을 존중하기

출처 : 미셸 푸코, 「주체의 해석학」

있다. 우리 삶에서 배려를 익히려면 어떻게 해야 할까? 배려는 역지사지(易地思之)를 근본으로 한다. 역지사지를 통해 상대가 처한 상황과 상대의 욕구 또는 고충 등을 이해하고 대응할 수 있어야 한다. 역지사지는 배려의 전제조건인 동시에 핵심이며, 배려를 하는 데 필요한 다양한 지침들의 궁극적 도달점이다.

역지사지와 함께 관찰은 배려를 익히는 첫걸음이다. 배려에 익숙한 사람들은 상대방에 대해 많은 관심을 가지고 접근한다. 관찰력을 높이려면 먼저 보이는 것을 있는 그대로 관찰하고 그다음 상대방의 신체 언어를 읽어내야 한다.

다음으로 말을 많이 하기보다는 많이 듣고 질문을 해야 한다. 매우 친밀한 사이가 아닌 이상 자신의 속내를 먼저 터놓는 사람은 거의 없기 때문이다. 필요한 정보들은 상대방에게 직접 묻거나 주위 사람들에게 질문해서 얻을 수밖에 없다. 배려를 익히려면 자신의 마음을 먼저 알아차려야 한다. 진정한 자신의 욕구를 파악하려고 노력할 때 타인에게 보고 들은 정보를 제대로 해석할 수 있기 때문이다.

여기에 또 한 가지, 상대방의 작은 기쁨을 챙길 수 있어야 한다. 배려와 멀어지는 이유는 눈앞의 편리함과 이익을 먼저 떠올리기 때문이다. 배려는 거창하고 큰 것이 아니라 작은 관심과 정성에서 나온다.

마지막으로 일대일의 자세로 성의 있게 대해야 한다. 모든 사람 또는 일정한 집단 전부를 배려의 대상으로 삼는다고 해도 실제로 배려를 베풀 때에는 오직 그 사람만을 고려하고 그가 받아들일 영향을 생각하면서 그 사람에게 다가가야 한다.

<배려를 통해 얻는 것>

우리가 배려를 통해 얻는 것은 무엇일까? 우선 개인적 측면에서는 자기 배려를 통해 자신이 진정 원하며 하고 싶은 일이 무엇인지 깨달을 수 있다. 자신이 원하지 않는 일을 하는 것만큼 고통스러운 것은 없다. 배려를 통해 직장 내 이해관계자들과 원만한 관계를 유지할 수 있다. 배려는 인간관계의 첫 디딤돌이다. 배려가 많은 상사의 경우 부하직원이 최대한 능력을 발휘할 수 있도록 도와 조직 전체의 성과를 높일 수 있다. 상사의 배려로 인해 직원들이 리더를 신뢰함으로써 조직 몰입도가 증대되기 때문이다. 또 배려심이 있는 부하직원은 상사의 행동에 대한 이해로 스트레스가 감소된다. 상사의 상황과 책임을 정확하게 이해함으로써 상사의 행동 의도를 알고 대응할 수 있기 때문이다.

다음으로 조직적 측면에서 배려의 효과를 보면 첫째, 상호 배려하는 문화가 안착된 기업은 협업을 효과적으로 수행하여 성과가 나타난다. 단체 프로젝트 같은 경우 더욱 중요하다. 또한 외부 이해관계가 있는 기업이나 단체와 원만한 관계 유지를 통해 다각적 측면에서 도움을 받을 수 있다. 기업의 성장과 발전에 있어서 타 기업과의 협력관계는 필수이다.

좋은 조직문화를 가진 기업에는 우수한 인재들이 모여 인력 확보가 수월해진다. 구글이나 네이버는 일하고 싶은 기업으로 선정되면서 인력 확보가 용이해진 실제 사례도 있다. 둘째, 기업의 대외적 이미지에 좋은 영향을 미친다. 배려하는 문화가 부족한 기업은 결국 대외적 이미지도 추락할 수밖에 없다. 셋째, 배려가 부족한 조직은 구성원들 간의 마찰이 발생할 가능성이 굉장히 높은데 여기서 오는 사회적 비용을 줄일 수 있다.

지금까지 어떻게 배려해야 하는가에 대해 살펴보았다. 배려와 관련하여 우리가 주의해야 할 것이 '배려의 폭력'이다. 다음 사례를 살펴보자.

노 과장은 매일 아침 빵집에 들려 갓 구운 식빵으로 아침식사를 해결한다. 어느 날 동료들도 아침에 갓 구운 식빵을 먹으면 좋겠다는 생각이 문득 들어 팀원들을 위해 매일 아침 식빵 한 봉지를 탕비실에 가져다 두었다. 팀원들은 노 과장에게 매우 감사해하며 맛있게 식빵을 먹었고, 노 과장도 경제적으로 부담이 크지 않아 1년 동안 식빵을 사 왔다. 그러던 중 개인 사정으로 더 이상 식빵을 사 오지 못하게 되었다. 그러자 팀원들은 노 과장이 변했다고 생각하며 불만을 제기하였다. 1년 동안의 배려는 어느새 팀원들의 권리가 되어 노 과장에게 불만으로 돌아온 것이다.

이렇게 배려에 익숙해지면 권리로 착각하게 되는 경우도 있다. 상대방이 배려에 무감각해지고 당연시하는 시점부터 이미 자신의 권리로 인식하게 되기 때문에, 배려가 멈추는 순간 자신의 권리가 침해당했다고 생각하고 이에 대한 불쾌함을 호소하는 경우이다. 그렇기 때문에 배려를 받는 사람도 배려에 대한 명확한 인식이 필요하다. 이러한 인식이 부재할 경우 이런 일이 발생할 수 있다. 배려는 상호적인 것이다. 기본적으로 GIVE & TAKE를 전제하지는 않지만 바람직한 배려에 비수를 꽂는 일을 해서는 안 된다.

여러분이라면 이런 상황에서 어떻게 대처하겠는가?

당신은 엑셀의 고급 기능을 능숙하게 활용할 수 있다. 그런데 동료인 우 대리는 방대한 양의 데이터를 반복적으로 처리하는 작업에 난처해 하고 있다. 더군다나 팀장이 빠른 처리를 요청하였는데 엑셀 활용역량이 부족하여 하나하나 붙여넣기를 하고 있다. 이 모습을 본 당신은 매크로를 활용하여 이 일을 20분 만에 해결해주었다. 우 대리는 당신에게 고마움을 표현하였고 당신은 잠깐 동안의 도움이 우 대리에게 큰 힘이 되었다는 것이 뿌듯했다.

이후 우 대리는 당신에게 계속 같은 요청을 해왔고 바쁜 일은 없었지만 왠지 우 대리의 일이 당신의 일이 된 것 같은 느낌을 받게 된다.

다음 중 하나를 선택해보고 선택한 이유를 말한 후 전문가의 의견을 확인해보자.

① 계속 도와주던 일이므로 이번에도 도와준다.

② 바쁘다고 하고 도와주지 않는다.

③ 우 대리에게 매크로를 가르쳐준다.

전문가 의견

01. 상대의 배려를 자신의 권리로 이해하면 서로에게 좋지 않은 결과를 초래하게 된다. 관계 유지에 급급해 바람직한 조건들을 제외한다면 결국 원만했던 관계도 무너질 수 있다.

02. 거짓 소통은 관계의 회복이 어려워짐을 초래할 것이고, 해결 의지도 없다는 것을 증명하는 것이다. 그렇기 때문에 솔직하게 말해주는 것이 더 큰 신뢰로 이어진다.

03. 우 대리에게 엑셀을 가르치는 것이 쉽지 않은 일이겠지만 계속 업무를 도와주는 것보다는 바람직한 행동이다. 배려라는 것은 장기적인 안목으로 상대를 위하는 마음이 필요하기 때문이다

존중

Respect

　최근 많은 기업에서 직급 체계가 가진 상하 개념의 문제를 인식하여 직급 호칭을 없애기 시작했다. 삼성전자, CJ그룹, 인터파크 등 여러 기업들은 직급 호칭 대신 '○○님'이라는 호칭으로 수평적 개념에서의 조직문화를 만들어가려고 시도하고 있다. 그러나 아직까지 많은 기업에 권위를 중시하는 문화가 남아 있는 것이 현실이다. 상사가 부하직원을 무시하는 경우, 타 부서와의 협력 시 자신의 업무에 대한 협력자의 이해 부족을 역량 부족으로 간주하는 경우, 또한 많지는 않지만 회사에서 인정받지 못하는 상사를 부하직원들이 무시하는 경우가 발생하기도 한다. 과연 무엇이 문제일까? 지금 우리에게 필요한 건 스스로에 대한 존중만이 아니라 서로에 대한 존중이 아닐까?

직장에서도
따돌림 문화가 존재하는가?

　직장 내에서 따돌림이 존재하는가? 결론부터 말하면 직장에서도 일명 '은따'라고 불리는 은밀한 따돌림이 존재한다. 2016년 취업포털 '인크루트'의 조사 결과 '직장 내에서 소외감을 느낀 적이 있는가'라는 설문에 응답자 중 73%가 '그렇다'고 답변했다. 이 결과는 2015년 취업포털 잡코리아에서 실시했던 동일한 설문조사 결과인 46.2%보다 약 1.5배 늘어난 수치로 직장 내 소외현상이 점점 심각해지고 있다는 것을 보여준다.

　그렇다면 어떤 부분 때문에 소외감을 느끼게 되는 것일까? 설문조사 결과 소외감을 느끼는 방식은 다양하게 나타났다. '중요한 소식이나 회의 정보를 알려주지 않는다'가 1위를 차지했으며, '무시당하거나 없는 사람 취급을 당한다'가 그 뒤를 따랐다. 이 밖에 '사적인 자리에 초대받지 못한다', '대화 없이 메시지로 소통한다' 등이 있었다.

　이보다 더 심각한 문제는 피해자들이 소외감을 느낀다는 사실 자체를 숨기려 한다는 점이다. 이유가 무엇일까? 이러한 이슈를 조직에 제기할 경우 더 심각한 소외를 당할 것으로 예상되기 때문이다. 최근 들어 직장인들의 따돌림 문제가 대두되고 있고, 실제로 금지 법안까지 만들어지고 있다. 결국 존중문화의 부족이 여러 형태의 따돌림과 직장 내 인간관계 문제를 일으키게 되는 것이다.

호칭의 변화가
기업의 존중문화에 도움이 되는가?

실제로 호칭을 바꾸는 것이 기업문화를 바꾸는 데 도움이 될까? 사례를 하나 소개하고자 한다. 카카오그룹의 회장은 사내에서 본명 대신 '브라이언', 대표는 '짐'으로 불리고 있다. 수평적인 조직문화를 지향하는 카카오는 직급이나 '~님'이라는 존칭을 없애고 영어 호칭을 사용하는 것이다. 카카오그룹 관계자는 의사결정을 위한 토의 상황에서 '대표님, 그것은 아닌 것 같습니다'라는 말보다 '광수 씨, 그건 아닌 거 같아요'라는 말이 더 쉽다고 이야기하면서, 수평적인 커뮤니케이션이 구성원 간의 다양한 의견 교환과 소통을 통해 최선의 의사결정을 도출하는 데 도움을 준다고 말한다. 실제로 이 호칭이 기업의 문화를 바꾸는 데 도움이 되고 있다는 것이다. 카카오그룹은 대표부터 솔선수범하여 존중문화를 정착시켰다고 볼 수 있다.

존중에 대한 이해

•

존중이란 '높여 귀중하게 대한다'는 뜻으로 상대의 인격과 성품에 상관없이 공손하게 대하는 태도를 말한다. 존중이 가지고 있는 핵심 가치를 살펴보면 그 진정한 의미를 이해할 수 있을 것이다.

존중은 상대를 있는 그대로 소중히 여기고 사랑하는 것이다. 곧 상대의 의사나 행동, 결정 등을 인정하고 소중하게 여기는 것으로 직장 동료 자체에 관심을 가지고 반응하며 사랑하는 것을 의미한다. 또한 존중은 타인의 가치관을 수용한다는 것이다. 개인은 각자 다른 세계에서 살아가는 것으로 인식한다. 사람들은 보통 상황을 객관적으로 인식하기보다 개인의 입장에서 해석하는 경향이 있다. 이와 함께 존중은 상대방의 입장에서 생각해보려는 것이다. 직장 동료 고유의 개성을 인정하고 그의 입장에서 생각해보려는 마음인데, 배려의 속성으로 볼 수 있다. 존중은 타인을 신뢰하는 것으로 직장 동료나 상사, 부하의 능력이나 성향을 인정하고 동료의 긍정적인 측면과 부정적인 측면 모두를 읽어내기 위한 노력이며, '사람은 각자 잘하는 것이 있다'고 받아들이는 것이다.

존중이란 약자를 배려하는 것이다. 약자가 우리보다 특정 부분이 부족하다는 것을 인지하고, 그 사람의 인권을 존중하는 것으로, 직장에서는 부하를 배려하는 것이다.

<인간의 욕구와 존중>

사람은 왜 존중받고자 하는 것일까? 매슬로의 욕구 5단계를 통해 이 질문의 답을 살펴보자. 매슬로(Abraham Harold Maslow)는 인간의 욕구는 타고난 것이라고 정의하면서 이를 강도와 중요성에 따라 5단계로 분류했다.

1단계 '생리적 욕구'는 허기를 면하고 생명을 유지하려는 욕구로서 가장 기본인 의복, 음식, 집에 대한 욕구에서 성욕까지 포함한다. 2단계

'안전의 욕구'는 위험, 위협, 박탈에서 자신을 보호하고 불안을 회피하려는 욕구이다. 3단계 '사회적 욕구'는 가족, 친구, 친척 등과 친교를 맺고 원하는 집단에 귀속되고 싶어 하는 욕구이다. 4단계 '자기 존중의 욕구'는 타인으로부터 인정과 존중을 받고 싶어 하는 욕구이다. 5단계 '자아실현의 욕구'는 자기를 계속 발전하게 하고자 자신의 잠재력을 최대한 발휘하려는 욕구이다. 여기서 존중에 대한 욕구는 매슬로의 욕구단계설 중 4단계에 포함되는 것을 볼 수 있는데, 인간은 누구나 자기 존중에 대한 욕구를 가지고 있다. 즉, 존중은 타인으로부터 인정받아 가치 있는 존재가 되고

표> 매슬로(Abraham H. Maslow)의 욕구단계설

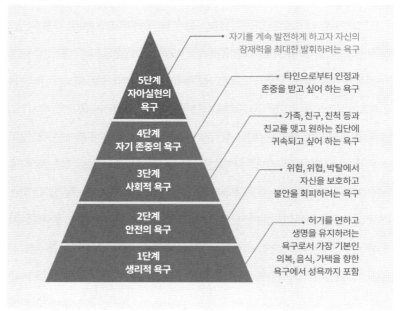

자 하는 인간의 전형적인 욕구이다.

이러한 존중에도 수준이 있다. 타인으로부터 존중받고자 하는 욕구는 낮은 수준의 존중감으로, 지위나 인정, 명성, 위신, 주목에의 욕구와 같이 외적으로 형성된 존중감이다. 반면 높은 수준의 존중감은 자기 존중에 대한 욕구로 강인함, 경쟁력, 어떤 것의 숙달, 자신감, 독립성, 혹은 자유와 같은 가치이다.

존중 욕구는 이 두 가지 측면이 결합되어야 한다. 즉, 스스로가 자신을 중요하다고 느낄 뿐 아니라 다른 사람으로부터도 인정을 받아야 비로소 궁극적인 의미에서 존중의 의미가 충족되었다고 볼 수 있는 것이다.

<잠재력을 발현시키는 존중 사례>

존중이 사람에게 얼마나 중요한 것인지 사례를 하나 살펴보자. 존중이 불러온 인간의 잠재력 발현 사례이다.

M사의 한 영업사원은 몇 달째 실적을 올리지 못하게 되자 자신의 능력에 대한 회의감이 증가하고 있었다. 이 사실을 알게 된 CEO는 그 사원을 불러 이렇게 말했다. "지난번에 자네가 전에 다녔던 회사 사장을 만났는데 자네 칭찬이 대단했어. 자네야말로 패기가 넘치는 젊은이라고. 자네를 붙잡지 못한 게 그 회사의 크나큰 손실이라며 안타까워하더구먼." 이 말을 들은 영업사원의 마음속에서 희망의 불꽃이 새롭게 타올랐다. 얼마 후 이 영업사원은 자신이 그동안 실패했던 이유를 냉정하게 분석하고 영

업방식을 고민하기 시작했다. 몇 달 후 그의 판매실적에 놀라운 변화가 일어났고 마침내 그는 판매왕이 되었다. 마음에서 우러나온 CEO의 격려는 낙심에 빠져 있던 직원에게 커다란 용기를 심어주어 그의 잠재력을 발휘하게 한 것이다.

'나'로부터 시작되는 존중

••

우리는 두 가지의 수준의 존중을 살펴보았다. 그중 높은 수준의 존중인 자기 존중감은 우리가 진정으로 상호 존중하기 위한 필수 요소이다. 자기 존중감이란 자신이 사랑받을 만한 가치가 있는 소중한 존재이고 성과를 이루어낼 만한 유능한 사람이라고 믿는 마음을 의미하는 것으로, 자존심과는 구별되는 개념이다.

'자기 존중감'이 있는 그대로의 자신을 받아들이는 긍정이라면 '자존심'은 타인과의 경쟁 속에서 얻는 긍정이라 할 수 있다. 자기 존중감은 자기 자신에 대한 확고한 사랑과 믿음이기에 경쟁 상황에 따라 급격하게 변하지 않는다. 그러나 자존심은 끝없이 타인과 경쟁해야 존재할 수 있기 때문에 패배할 경우 무한정 곤두박질칠 수밖에 없다.

우리에게는 자존심도 필요하지만 자기 존중감을 갖는 것이 무엇보다 필요하다. 자기 존중감이 결여된 사람들이 보상받기 위해 하는 행동이 있다.

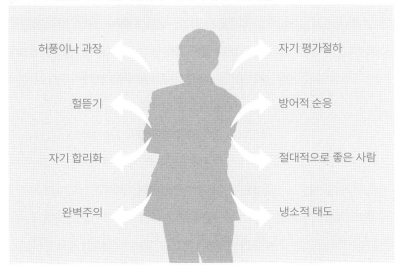

허풍이나 과장

헐뜯기

자기 합리화

완벽주의

자기 평가절하

방어적 순응

절대적으로 좋은 사람

냉소적 태도

　　자기 가치가 높아진 것처럼 보이게 할 목적으로 허풍이나 과장하기, 다른 사람의 허물을 찾아내어 비판하는 행위인 헐뜯기, 자기가 틀렸다는 것을 용인하는 자기 합리화 등이다.

　　여기에 실수라도 발견되면 결정적인 타격이라고 생각하며 불안해 하는 완벽주의, 자신을 매우 가련한 모습으로 사람들 앞에 내놓는 자기 평가절하, 규칙이나 법규에 기계적인 정확성을 가지고 순응하는 방어적 순응의 모습을 보이기도 한다. 또한 성취나 소유를 자신의 확장으로 생각하며 이를 극대화하고자 하는 과잉 성취 욕구를 보이기도 하고 전천후로 좋은 사람 노릇을 하는 모습이나 자기 불신을 다른 사람들에게까지 확대하는 냉소적 태도를 보인다.

표> 자기 존중감을 증진시키기 위한 Dos & Don'ts

자기 존중감 증진을 위한 Dos

1. 결점을 있는 그대로 인정하고 나아가서 자신을 사랑해야 한다. 자신의 약점을 파악하지 못하면 그 약점을 보완할 기회조차 없기 때문이다. 자신의 약점에 주눅이 들면 자존감이 낮아질 수밖에 없다. 그렇기 때문에 자신의 단점마저 사랑하는 것이 필요하다.

2. 자신의 장점을 부각시켜야 한다. 자신의 장점을 끊임없이 생각하고 '인간은 누구나 장점과 단점이 있다'는 것을 인정해야 한다. 단점보다 장점을 더 크게 본다면 자존감이 높아질 것이다.

3. 승진 및 과업 성과에 대해 긍정적인 상상을 하는 것이다. 긍정적인 상상을 하다보면 긍정적인 힘이 생기고 태도에도 변화가 생긴다. 의욕적인 태도는 직업과 과업에 대한 자존감을 높이게 된다.

자기 존중감 증진을 위한 Don'ts

1. 성과에 대해 지나치게 겸손하지 말아야 한다. 지나친 겸손은 자신을 과소평가하는 계기가 되며 이는 자존감을 떨어뜨릴 수도 있다.

2. 과업에 대한 과거의 상처나 과오에 대해 곱씹어 생각하지 않는 것이 좋다. 자신의 잘못에 대해 자꾸 생각하게 되면 부정적인 마인드로 변할 수 있기 때문이다.

3. 직장 동료 및 상사와 비교하지 말아야 한다. 타인의 잘난 점을 나와 비교하면 자존감이 당연히 낮아질 수밖에 없을 것이다.

혹시 여러분도 이러한 모습을 가지고 있지 않은가 돌아보자. 앞서 자기 존중감이 결여된 사례에서 자신의 모습을 발견했다면 자기 존중감을 높이기 위해 표를 참고하여 실천해보자.

상하좌우! 서로 존중하는 방법

● ● ●

자존감은 타인의 존경에 의해서, 즉 자신이 타인으로부터 존중받는다는 느낌을 가지면서 형성된다. 만약 타인에 의해 존중되지 않는다면 자존감이 형성되기 어려울 것이다. 따라서 자신의 자존을 위해서는 서로를 존중해주는 상호 존중이 필요하다. 스스로를 존중하는 사람은 타인을 존중하게 되며 타인을 존중하는 사람은 자신도 존중하게 된다.

직장생활에서 우리가 존중해야 할 대상을 구분해 보자. 내부적으로는 상사와 부하직원이 있으며, 외부적으로는 고객과 협력업체가 있다. 지금부터 각 대상에 따라 어떻게 존중해야 하는지 살펴보자.

<상사에 대한 존중>

먼저 상사 대한 존중 방법이다.

첫째, 상사가 지시한 것에 대해서는 변명하지 말아야 한다. 내가 과업을 수행하지 못했다면 무조건적인 변명보다는 상사의 질책을 받아들이고 질책이 끝나면 이후 수행 계획에 대해 상사가 납득할 수 있도록 설명하는 것이 필요하다. 가급적 나의 과업 방식보다 상사의 과업 방식에 맞추는 것이 필요하다. 상사의 성격이 꼼꼼하다면 자료를 꼼꼼하게 정리해서 보고하고, 상사가 간단명료한 것을 선호한다면 핵심을 간추려서 보고하는 것이 좋다.

둘째, 상사의 경력과 능력을 존중하며 충고를 받아들여야 한다. 상사가 나보다 업무적으로 뛰어난 것을 인정하고 그의 경험과 업무 방식을 개방적으로 수용하여 나만의 것으로 발전시켜야 한다. 또한 상사를 협력자로 생각하고 대해야 한다. 상사를 나를 괴롭히기 위한 존재가 아닌 '같은 목표를 달성하기 위한 협력자'로 생각하고, 질책이나 충고도 공동 목표를 달성하기 위한 것이라고 여겨야 한다.

셋째, 상사도 부족한 면이 있다는 것을 받아들여야 한다. 상사도 사람이기 때문에 단점이 있을 것이니, 그의 부족한 점을 인정하고 상호 보완하는 단계로 발전시켜야 한다. 만약 상사에게 직언을 해야 할 경우에는 어떻게 해야 할까? 진심 어린 충언과 강직한 직언을 위한 충직한 마음도 필요하지만 이럴 때는 전략이 필요하다. 직언하기 전에 상사에 대한 존중과 조직에 대한 순수한 열정을 충분히 어필해야 한다. 상사의 입장에서는 직언을 공격으로 여기고 충언을 도전이라고 오해할 수 있기 때문이다. 그렇기 때문에 직언을 할 때에는 우선 상사와 나 사이에 신뢰관계가 있는지 살펴보아야 한다. 그리고 조언의 내용은 나의 이익이 아니라 내가 속한 조직의 이익을 대변해야 하며, 자신의 윤리적 문제나 업무상의 문제일 경우에는 그 내용을 반드시 되돌아보고 조언해야 한다.

<부하직원에 대한 존중>

다음으로 부하직원에 대한 존중 방법이다. 부하직원에 대한 존중은 어떻게 해야 할까? 무엇보다 부하직원의 의견을 경청하고 수용해야 한다. 부하직원이 나보다 업무적인 능력이 부족할지라도 경청하고 존중하라는 말이다. 부하직원의 의견을 무조건 무시하면 부하직원은 앞으로 어떠한 의견도 말하지 않을 가능성이 크다. 부하직원이 처한 상황이나 그에 따른 감정에 공감해야 부하직원이 잘못했을 때 왜 그랬는지 돌이켜 생각해본다. 무조건적인 질책보다는 공감을 통한 해결책이 더 좋은 방안이므로 부하직원들을 보살피고 격려하는 것도 존중의 방법 중 하나이다. 즉, 부하를 협력자로 대우해야 한다. 부하를 협력자로 인식하여 진정한 동반 공동체로 만들어가야 하는 것이다. 그리고 부하의 인격을 무시해서는 안

된다. 부하는 나보다 입사가 늦은 사람일 뿐 나보다 못난 사람이 아니라는 점을 명심해야 한다.

그러나 부하직원을 존중하더라도 잘못된 것에 대해서는 분명하게 질책해야 한다. 그러면 부하를 질책할 땐 어떻게 해야 할까? 관리자들은 종종 부하직원을 막무가내로 질책하곤 한다. 이러한 경우 부하직원과의 관계 자체가 틀어져 아무리 옳은 말이더라도 영향력 없이 오히려 갈등만 쌓이기 쉽다. 부하직원을 질책할 경우에는 둘만의 공간에서 하고 업무에 초점을 맞추어 질책해야 한다. 비판은 짧게 하고 평소의 목소리 그대로 질책해야 한다. 이 점을 꼭 기억하기 바란다.

<고객에 대한 존중>

이번에는 외부 존중 대상인 고객에 대한 존중 방법을 살펴보자. '고객이 존재하기 때문에 우리가 존재한다'고 인지해야 한다. 회사는 이윤을 추구하기 위해 존재하는데 고객이 없는 회사는 이윤을 낼 수 없기 때문이다. 항상 고객의 입장에서 생각해야 한다. 고객이 처한 상황을 먼저 공감하고 고객에게 배려 없는 행동을 하지 말아야 한다. 그리고 고객의 기대에 부응해야 한다. 고객이 회사를 통해 어떤 욕구를 충족시키려 하는지 명확히 파악해서 제공해야 한다.

또한 고객이 알아야 할 정보가 있다면 반드시 제공해야 한다. 제품 구매 시 고객이 알아야 할 주의사항이나 정보를 충분히 제공하고, 주어진 정보에 대해 이해하지 못할 경우 알아듣기 쉽게 설명해줄 필요가 있다.

그리고 고객의 의견이나 불만을 경청하고 수용해야 한다. 고객이 부정적으로 생각한다는 선입견을 갖지 말고 열린 태도로 받아들이고 문제점을 보완해야 한다.

불만고객을 대응할 때 우리는 어떻게 해야 할까? 고객의 이야기에 공감하고 고객의 말을 신뢰해야 한다. 불만고객에게 물질적으로 보상하기보다는 감정적 보상이 우선이라는 것을 잊지 말아야 한다. 원칙을 무시한 임기응변식 대응은 절대 바람직하지 않다. 그러나 요즘 뉴스를 보면 이러한 실천 방안이 통하지 않는 막무가내 고객들도 있다. 이러한 경우는 일반적이지 않으니, 기본적으로 고객 존중을 우선하여 실천 방안을 따를 때 고객과 좋은 관계를 회복할 수 있을 것이다.

<협력업체에 대한 존중>

협력업체에 대한 존중 방법으로는 무엇보다 관계를 이용해 갑질을 해서는 안 된다. 거래처나 납품업체는 상하관계가 아니고 협력관계임을 명심하고 인격적으로 무시하거나 모욕을 줘서도 안 된다. 하청업체의 직원도 나와 똑같은 인격을 가진 사람임을 잊어서는 안 된다. 그리고 협력업체의 입장에서 생각하는 자세가 필요하다. 하청업체나 거래처에 부담이 가지 않는 선에서 협상이나 거래를 해야 하며, 우월적 지위를 이용한 막무가내 협상과 무리한 요구는 기업 생태계를 파괴하는 행위라는 것을 인지해야 한다.

폴 마르시아노의 '존중 모델'이 있다. 일종의 실천 철학으로, 개인이 존중을 받을 때 조직의 목표 달성을 위해 업무에 더욱 몰입하고 성실하게 일한다는 개념이다. 사람은 자신이 존중받는다고 느낄 때 자신이 속한 집단과 조직의 발전을 위해 자발적으로 노력을 증가시킨다. 반면 존중을 받

표> 존중 모델의 7대 핵심 요소

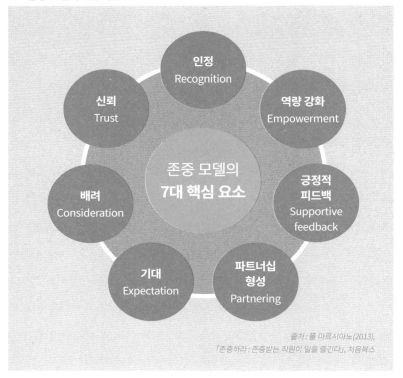

출처 : 폴 마르시아노(2013),
「존중하라 : 존중받는 직원이 일을 즐긴다」, 처음북스

지 못하는 사람들이 자발적으로 노력할 때는 집단의 목표 달성이 아니라 개인의 이익을 목표로 한다는 사실이 입증되었다.

존중 모델의 7대 핵심 요소는 (1)자신의 기여에 대해 가치를 인정받고 칭찬받는 인정, (2)관리자가 직원의 성공에 필요한 도구·자원·교육을 제공하는 역량 강화, (3)관리자가 건설적이며 진정성 있는 방식으로 적절한 시점에 직원에게 구체적인 피드백을 제공하는 긍정적 피드백, (4)직원을 진정한 파트너로 대우하고 사업 관련 결정을 내릴 때 적극적으로 협력하는 파트너십 형성, (5)관리자가 최종 목적·세부 목표·사업 우선순위 등을 명확히 수립하고 직원들과 공유하는 기대, (6)관리자와 경영진, 팀 동료들이 서로 배려하고 아끼고 사려 깊게 대하는 것, (7)관리자가 직원들의 능력과 역량에 대한 확신을 갖는 신뢰 등이다. 이러한 존중 모델의 기업 적용은 직원들의 업무 몰입도를 증진시킨다.

<상호 존중을 통한 새로운 조직문화 정립>

기업의 구성원들이 상호 존중을 바탕으로 쌍방의 기대를 일치시키면 새로운 조직 환경과 분위기를 조성하여 다음과 같은 양상이 나타난다.

- 모든 직책에서 커뮤니케이션이 월등히 개선되며 부하직원과 리더의 능력이 크게 향상된다.
- 일을 조금이라도 더 하겠다는 의지가 강해지고 제품 혹은 서비스

의 가치에 대한 인식이 크게 높아진다.

- 부하직원과 리더 사이에 무엇인가를 배우고 변화하고 발전하겠다는 의지가 강하게 형성된다.

조직은 해결 지향적인 분위기가 뚜렷해지고 책임을 맡으려는 분위기가 형성될 것이며 부하직원들의 근로 욕구가 더 강해지고 사기가 더 높아진다. 그 과정에서 직장 내 갈등도 자연스럽게 줄어들 것이고 팀워크의 효율성이 향상되며 통찰력과 집중도가 높아진다.

존중하는 조직 분위기는 어느 한 사람의 노력으로 만들어지는 것이 아닌 조직 구성원 모두의 노력으로 만들어진다. 그러므로 상대를 이해하는 마음가짐과 정직한 커뮤니케이션 그리고 조직 피라미드 위에서부터 실천 의지와 모범을 보임으로써 존중의 조직문화를 만들어 나아가야 한다.

여러분이라면 이런 상황에서 어떻게 대처하겠는가?

당신은 총 여섯 명으로 구성된 R&D팀의 팀장이며, 다섯 명의 팀원은 모두 개별적인 개발 업무를 수행하고 있다. 어느 날 신입인 박 대리가 모두가 인정할 만한 상품성 높은 모델을 기획하였고, 이는 곧 상품화에 대한 개발 계획으로 경영진에 보고된 후 승인되었다.

이 일로 R&D팀은 올해 최고의 부서로 선정되는 영예를 안게 되었다. 그런데 인정과 보상이 팀 단위로만 이루어졌으며, 실제 모델을 기획한 박 대리에게는 어떠한 보상도 주어지지 않았다.

다음 중 하나를 선택해보고 선택한 이유를 말한 후 전문가의 의견을 확인해보자.

① 팀 전체 회식을 하며 회식자리에서 박 대리의 노고를 인정한다.

② 박 대리를 따로 불러 개인적으로 높은 기획력을 인정한다.

③ 박 대리가 실제 상품 기획의 주체임을 경영진에 공유하고, 고과 반영에 대한 의견을 제시한다.

전문가 의견

01. 회식자리에서의 노고 인정은 공식적인 것으로 볼 수 없으므로 이것만으로 끝낼 경우 박 대리는 회사에 대한 불신은 물론 팀장에 대한 불신까지 발생할 수 있다.

02. 박 대리에게는 회사 차원의 공식적인 인정이 필요한 상태이며, 이것이 박 대리가 생각하는 존중에 대한 기준이 될 확률이 높으므로 단순한 개인적인 인정은 오히려 무시당하고 있다는 느낌을 줄 수 있다.

03. 팀장으로서 팀원의 성과를 조직에서 공식적으로 인정받게 한다는 것은 비단 당사자의 만족감뿐 아니라 전체 팀원들의 조직 몰입을 이끌어낼 수 있으며, 팀원 모두가 존중받고 있다는 느낌을 심어줄 수 있다.

義

04

정직과 투명성

Honesty & Transparency

현실에서 원칙을 지킨다는 것은 손해일까? 당연히 '아니다'라고 이야기하고 싶다. 하지만 일상에서조차 횡단보도를 건널 때 신호를 어기고 건너가는 사람이 아무 패널티 없이 더 빠르게 목적지에 도달하는 것을 종종 경험하게 된다. 이러한 상황은 회사에서도 비슷하게 나타난다. 거래처로부터 감사의 뜻으로 상품권을 받는다거나 고객에게 과장된 상품 정보를 제공해 판매를 촉진한다거나, 개인정보가 포함된 문서를 파쇄하지 않고 쓰레기통에 버린다든지 친구들과 먹은 식사 비용을 회사 경비로 청구하는 등의 행태가 있을 수 있다. 혹시 이런 일들이 아무렇지 않게 나 자신 또는 내 주변에서 일어나고 있는가? 그렇다면 우리 회사는 정직하고 투명한 기업이라고 할 수 있을까? 그리고 우리는 정직한 사람이라고 할 수 있을까? 여러분은 지금 이 질문에 어떻게 답하겠는가?

회사에서 정직하면
손해일까?

정직과 투명성이란 말은 매우 긍정적인 단어이다. 불편한 진실이지만 직장 내에서 정직하면 손해를 볼 때가 종종 있다. 하지만 장기적으로는 정직하다는 것이 손해가 아니라는 것을 쉽게 알 수 있다. 2015년 기준 세계 자동차 2위 기업인 독일 폭스바겐(Volkswagen)의 주가가 50% 이상 폭락한 적이 있었다. 배출가스 조작 파문에 휩싸였기 때문이다. 정직하지 못한 태도가 이런 결과를 초래했다.

이 사례에서 알 수 있듯 정직은 기업의 성패를 결정짓는 핵심적인 요인으로 작용할 수 있다. 정직과 투명성의 지속이 신뢰로 연결되면 내부적으로는 조직에서의 인정도가 높아지고 외부적으로는 더 많은 고객의 선택을 받게 될 것이다.

고객에게 정직하면
큰 피해가 예상될 때

회사가 고객에게 정직하면 큰 피해가 예상되는 경우도 있다. 이럴 땐 어떻게 해야 좋을까? 이 질문의 답은 우리나라에서 발생한 가습기 살균제 파동에서 찾아볼 수 있다. 사건 발생 초기에 문제 기업이 진실을 감추고 소극적으로 대응함으로써 국민 전체의 신뢰를 잃고 불매 운동까지 일어난 사건이다. 그 때문에 대다수의 가습기 살균제 제품들이 약국이나 매장에서 아예 진열도 안 되었던 일이 있다. '호미로 막을 것을 가래로 막는다'는 속담처럼 문제 기업들이 처음부터 정직하고 투명하게 대응했다면 온 국민의 외면까지는 가지 않았을 것이다.

개인은 물론 기업도 사람이 하는 일이기에 실수나 잘못을 할 수 있다. 문제는 그 후 어떻게 대응하느냐에 따라 그 결과에서 큰 차이가 나타난다. 1982년에 발생한 존슨 앤드 존슨(Johnson & Johnson)의 타이레놀 사건을 살펴보자. 존슨 앤드 존슨은 사건 발생 직후 미국 전역에서 모든 타이레놀을 회수하고 폐기하였으며 신속한 원인 규명과 함께 타이레놀에 청산가리를 넣은 범인을 잡기 위해 현상금까지 걸었다. 이후 존슨 앤드 존슨은 소비자들의 신뢰를 얻으며 지속성장 기업의 반열에 오르게 되었다. 이 사례에서 보듯 정직과 투명성은 내·외부 고객 신뢰도 구축의 핵심 열쇠로 정직과 투명성에 대해서는 장기적 관점으로 접근해야 한다.

원칙과 현실 사이의 괴리감

•

정직이란 '마음의 거짓이나 꾸밈이 없이 바르고 곧음'을 의미한다. 투명하고 정직한 조직문화란 조직 안에서 일반 대중을 포함한 주주들에게 정보가 자유롭게 소통되는 문화를 말한다. 이것이 우리가 만들어야 할 조직문화인 것이다. 그럼 투명하고 정직한 조직문화는 어떻게 이루어질 수 있을까? 이를 위해 '절대 정직의 6가지 원칙'을 기억해야 한다.

원칙1. 진실을 말하라.

많은 사람들이 보복받는 것이 두렵고 남에게 상처 주는 것이 우려되어 또는, 변화나 미움받는 것이 두려워 진실을 말하지 못한다. 또 내 편이 없어지거나 대가를 치르게 될까 두렵고 경쟁우위를 잃거나 망신당하는 것이 두려워서 진실을 숨길 때도 있다. 우리는 이러한 두려움을 이겨내야 한다. 진실을 말하는 행동이 당장은 위험할지 몰라도 장기적으로는 직원과 고객, 주주의 신뢰를 얻어내는 유일한 방법이다.

원칙2. 문제를 공략하라.

대립을 피하고 협력만 하는 것이 능사가 아니다. 문제를 직면하고 적극적으로 대처하는 자세가 필요하다.

원칙3. 반대하고 따르라.

정직을 바탕으로 다른 사람 의견에 반대하는 것은 자유지만 일단 다수결에 의해 결정이 내려지면 따라야 한다.

원칙4. 진실을 환영하라.

어떤 직원이 소액의 회사 공금을 부당하게 사용했다는 소문이 사내에 돌았다. 직원들 사이에서는 방어기제가 발동해 '설마' 하는 마음으로 그 상황을 회피했다. 결국 회사의 CEO는 그 직원의 부도덕한 행위를 발견할 수 없었고, 이것은 회사의 금전적 손실로 이어졌다. 이러한 타인의 방어기제를 최소화하기 위해 진실을 환영하는 조직문화를 구축해야 한다.

원칙5. 메신저에게 보상하라.

진실을 말하는 자에게 포상하고 그렇지 못한 사람에게 벌을 주는 것은 당연하지만, 다음과 같은 경우에는 주의해야 한다. 어느 직원이 회사의 제품이 온라인에서 나쁜 평을 받고 있는 것을 발견했다. 이 직원은 즉시 회사의 간부에게 보고했다. 그 간부는 기분 나쁜 소식이라는 이유로 해당 직원의 승진 점수를 차감했고, 결국 그 회사는 소비자의 변화를 인식하지 못하여 매출액이 지속적으로 감소해 위기에 빠지게 되었다.

이 사례와 같이 진실을 말하는 직원에게 벌을 주는 경우 직원들은 듣기 좋은 정보만을 전달할 것이고 회사는 부정적인 문제들을 인지하지 못하게 될 것이다. 이것은 기업의 후퇴로 연결된다.

원칙6. 성실성의 플랫폼을 세워라.

정직은 개인의 노력으로만 그쳐서는 안 되며, 전 직원이 옳은 일과 윤리적인 행동을 할 수 있는 시스템을 갖추어야 한다.

지금까지 살펴본 절대 정직의 6가지 원칙 – 진실을 말하라, 문제를 공략하라, 반대하고 따르라, 진실을 환영하라, 메신저에게 보상하라, 성실성의 플랫폼을 세워라 – 을 기억하고 실천하자.

절대 정직의 6가지 원칙과 함께 우리가 알아야 할 '정직한 실천을 위한 3단계'가 있다. 1단계는 무엇이 옳고 무엇이 그른지 분별하여 깨닫는 것으로 정직하고 솔직하기 위해 일정 수준의 도덕적 반성과 고뇌가 필요하다. 2단계는 손해를 감수하고서라도 그 깨달음에 따라 행동하는 것으로 옳은 일에 헌신하며 확고부동한 신념을 지니는 것이다. 3단계는 옳고 그름에 대한 판단에 따라 행동하고 있음을 솔직하게 말하는 것이다. 정직하고 고결한 사람은 올바른 일을 하는 것에 대해 창피해 하지 않는다.

<정직의 법칙>

'정직의 법칙'을 들어본 적이 있는가? 기업에게 있어 정직의 궁극적

목적은 소비자를 설득할 혜택을 구축하려는 것이다. 이때 정직의 법칙을 적용해야 한다. 정직의 법칙이란 우선 부정을 인정하고 그다음 긍정으로 바꾸는 것이다. 이를 잘 보여주는 사례가 있다. 바로 존슨 앤드 존슨의 구강청결제 '리스테린'이다. 경쟁사인 스코프리에서 맛 좋은 구강청결제로 리스테린을 공격한 적이 있다. 이때 리스테린은 '당신이 하루에 두 번은 싫다고 느낄 맛'이라고 광고했다. 리스테린은 맛이 나쁘다는 사실을 인정하고 사람들이 그 맛을 실제로 싫어한다는 사실 또한 인정했다. 대신 더 많은 세균을 죽인다는 진실을 강조함으로써 시장에서 경쟁 제품보다 더 좋은 판매 성과를 이끌어낼 수 있었다.

<기업의 투명성>

투명성이란 무엇일까? 투명성이란 '기업이 상호 관련이 있는 정보 이용자에게 기업에 대한 정보를 지속적으로 제공하는 것이며 조직 구성원들 사이에서는 자신이 하고 있는 일과 관련된 정보에 대해서 정직하게 이야기 하는 것'이다.

투명성이 없는 기업은 외부 소액 투자자들에게 금전적인 피해를 줄 수 있고, 동료 직원의 부도덕한 행위에 대해 오랫동안 발견하지 못하거나 더 심한 경우 눈감아주기까지 할 수 있다. 고객과의 상호 작용 부족으로 소비자 욕구를 발견하지 못해 도태되는 경우도 발생할 수 있다.

이 밖에도 내부 부정으로 인해 막대한 손실을 입을 수 있는 등 투명하지 못한 기업은 대외적인 이미지 실추로 고객들을 잃는 경우가 발생하고 구성원들의 업무 상호 관련성이 떨어져 기업의 전체적인 업무 효율이 낮아지게 된다. 그러므로 지속적인 기업이 되기 위해서 투명성 확보는 필수이다.

<대한민국 국가 투명성>

국제투명성기구(TI, Transparency International)는 국가활동의 책임성을 확장하고 국제적·국가적 부패의 극복을 목표로 하는 공익적인 국제

표> 우리나라의 국가 투명성 순위

국제투명성기구
(Transparency International the global coalition against corruption)

- 국가활동의 책임성을 확장하고 국제적·국가적 부패의 극복을 목표로 하는 공익적인 국제비정부기구(NGO)
- 매년 국가별 부패지수(CPI, Corruption Perceptions Index)에서 투명한 나라를 산출함

1위 → 덴마크(88점)
2위 → 뉴질랜드(87점)
3위 → 핀란드, 싱가포르, 스웨덴, 스위스(85점)
⋮

45위 → 한국(57점) → OECD 가입국 기준 36국 중 30위
⋮

출처 : 국제투명성기구(2018년 기준)

비정부기구(NGO)이다. 매년 국가별 부패지수를 통해 투명한 나라를 산출한다.

이 기구의 조사에 따르면 2018년 기준 투명성 1위 국가는 덴마크, 2위는 뉴질랜드, 3위는 핀란드, 싱가포르, 스웨덴, 스위스가 차지했으며 한국은 57점으로 45위를 했다. 이것은 국가의 투명성을 조사한 결과이지만 국가를 이루고 있는 우리 개인과 조직의 투명성을 보여주는 결과이기도 하다.

무엇이 우리의 투명성을 가로막는 것일까? 우리가 가장 주의해야 할 것 중 하나가 '립포타주'이다. 립포타주(Lipotage)란 상대방에게 동의하는 척 립서비스를 하면서 결국엔 방해하는 행동을 하는 것을 말한다.

예를 들어, 직장 상사와 부하직원 관계인 A와 B가 있는데 A가 B에게 어떤 프로젝트를 같이하자고 하니 B는 상사 앞에서는 좋은 생각이라며 반겼다. 프로젝트를 시작하였는데 B는 A가 일을 시키면 제대로 하지 않았다. 결과적으로 그 프로젝트는 실패하였고 A는 거래처의 신뢰를 잃게 되었다. B는 A 앞에서는 동의하는 척했지만 행동으로 반대를 표명한 것이다.

조직 내에서 투명성을 저해하는 3가지 요소가 있는데, 이 3가지를 버려야 한다. 첫째, 정보를 다루는 리더의 그릇된 방식이다. 정보의 전면적인 기밀화는 실무를 맡고 있는 최전방 직원에게 필요한 정보가 전달되는 통로를 차단하며 조직 구성원이 상황에 대한 전반적인 시야를 확보하지 못하게 방해할 수 있다.

둘째, 정보의 원활한 흐름을 방해하는 조직 구조이다. 불합리하게 설계된 정보 유통 시스템으로 인해 결정적인 자료가 핵심 결정권자에게 전달되지 못하여 터무니없는 의사결정이 발생할 수 있다.

셋째, 리더의 권위주의이다. 권위주의가 팽배하면 리더가 거의 신과 비슷한 존재로 인식되며 부하들은 그 기세에 눌려 아무도 직언과 아이디어를 내지 못하게 할 수 있다.

투명성 vs 불투명성

◦◦

투명한 조직과 불투명한 조직은 다음과 같은 차이를 보인다. 먼저 내부 문제점을 확인하는 데 걸리는 시간을 보면 투명한 조직은 빠르지만 불투명한 조직은 느리다. 내부 부정으로 인한 손실 역시 투명한 조직은 적고 불투명한 조직은 많다.

반면 외부 신뢰도는 반대 결과를 보인다. 투명한 조직은 감사의 위험이 낮지만 불투명한 조직은 높으며 이를 통틀어 볼 때 기업의 생존 가능성도 극명한 대립을 보이는 것은 당연한 이치이다. 실제 사례를 통해 투명 조직과 불투명 조직이 어떻게 다르며 어떤 결과를 도출하는지 살펴보자.

<투명한 기업 사례>

투명한 조직으로 독일 '지멘스(Siemens)'를 소개한다.

지멘스는 유럽 500대 기업 중 1위이며 글로벌 2000대 기업 중 대기업 부문 2위를 차지하는 기업이다. 다우존스 지속가능 경영지수 평가 대기업 부문에서도 2위 자리를 지키고 있으며 전 세계 42만 명의 직원이 근무하고 있다. 어떻게 이런 성장을 할 수 있었을까?

지멘스는 2007년과 2008년에 걸쳐 자체적으로 준법 프로그램을 만들어 시행하고 있다. 이후 지금까지 이 준법 프로그램은 지멘스의 핵심 가치 중 하나로 자리 잡으며 '도덕적이고 책임감 있는 기업'이라는 이미지를 만드는 데 기여하고 있다. 오늘날 지멘스 직원들에게 준법정신은 사업 활동에 없어서는 안 될 자산으로 여겨진다. 지난 몇 년간 다양한 기관과 기업, 지역사회와 함께 부정부패 척결에 모범적으로 앞장서고 있다. 일례로 2009년 7월 2일 세계은행그룹과 협의를 맺고 청렴한 비즈니스 장려와 부패 척결에 앞장서는 전 세계 비영리기관에 15년간 총 1억 달러를 지원하고 있다. 이렇게 투명 경영에 앞장선 결과 지멘스는 2012년 70유로 수준이던 주가가 2016년 8월 100유로를 돌파하는 기록을 세웠다.

<불투명한 기업 사례>

이번에는 불투명한 조직의 사례를 보자.

미국 에너지 기업 '엔론(Enron Corporation)'이다. 엔론은 세계 주요 전기, 천연가스, 통신 및 제지 기업으로 2000년 기준 약 2만 명의 직원이 근무하고, 매출 1,110억 달러를 달성한 기업이다.

이런 엔론사가 2001년 그 유명한 '엔론 사태'로 위기를 맞게 된다. 2001년 말, 일상적이며 체계적이고도 치밀하게 계획된 방식의 회계 부정으로 부실한 재정상태가 은폐되어 왔다는 사실이 밝혀진 것이다.

그 결과 회장과 최고경영자가 사기와 내부자 거래 등으로 연방법원에서 각각 징역 24년 4개월, 24년 유죄판결을 받게 되었다. 당시 미국 5대 회계법인 중의 하나로 엔론의 외부 감사를 맡고 있던 아서 앤더슨(Arthur Andersen)은 영업정지에 따른 파산을 맞았고, 엔론 역시 파산을 맞을 수밖에 없었다.

<개인 측면의 투명성>

조직 측면에서 투명한 경우와 불투명한 경우를 비교하여 살펴보았다. 그렇다면 개인 측면에서는 어떨까? 여러분 자신에게 대입해보기 바란다. 나 스스로가 투명하다면 조직문화에 긍정적으로 기여하게 될 것이다. 그러나 불투명하다면 부정적인 영향을 미칠 수밖에 없다. 투명한 경우는 상사에게 인정받아 승진에 도움이 될 것이며 그것이 기업에서의 지속적 생존으로 연결되겠지만 불투명하다면 상사나 동료들에게 인정받지 못하면서 기업에서 생존하기 힘들어진다.

또한 나 자신이 투명하면 죄책감을 느낄 상황도 오지 않을 것이며 횡령이나 장부조작과 같은 범죄에도 노출되지 않을 것이다. 스스로가 불투명하다면 범죄에서 오는 죄책감을 느끼며 살아야 하고 횡령이나 장부조작의 유혹에서 벗어나기 쉽지 않을 것이다.

표> 투명한 나와 불투명한 나의 차이

투명한 나	불투명한 나
조직문화에 긍정적으로 기여함	조직문화에 부정적인 영향을 미침
상사에게 인정받아 승진에 도움이 됨	상사 및 직장 동료들에게 인정받지 못할 확률이 높아짐
기업에서 지속적으로 생존 가능	기업에서 생존하기 힘듦
죄책감을 느낄 상황이 오지 않음	범죄에서 오는 죄책감을 느끼며 살아감
횡령이나 장부조작과 같은 범죄에 노출되지 않음	횡령이나 장부조작 등의 유혹에서 벗어나기 쉽지 않음

궁극적으로 투명한 사람은 고객에게 신뢰를 받아 영업 관련 성과를 높이는 반면, 불투명한 사람은 고객의 신뢰를 잃을 수밖에 없다. 여러분은 투명한 사람인가 불투명한 사람인가?

투명성이 답이다

• • •

<개인의 투명성을 지키는 방법>

이제 투명성을 지킬 수 있는 방법에 대해 알아보자. 우선 개인 측면에서 투명성을 지킬 수 있는 방법이다.

첫째, 모든 일을 정직하게 말해야 한다. 어떤 의견이나 프로젝트에 대해서 정직하게 말하는 습관을 길러야 한다. 둘째, 부정한 상사를 따라하지 말아야 한다. 상사가 부정한 일을 관행적으로 한다고 해서 나도 해도 된다는 마인드를 가져서는 안 된다. 셋째, 자금은 투명하게 사용해야 한다. 사소한 공금 사용이라도 영수증을 발급받고 모아두는 습관을 가져야 한다. 넷째, 고객도 내 가족이라고 생각해야 한다. 고객을 내 가족으로 생각한다면 돈을 받기 위해 거짓 정보를 주는 일은 없을 것이다.

<조직의 투명성을 지키는 방법>

조직 측면에서 투명성을 지키려면 어떻게 해야 할까?

첫째, 구성원들의 입을 막지 말아야 한다. 좋은 소식이든 나쁜 소식이든 경청해야 한다. 둘째, 내부고발자를 보호해야 한다. 그렇지 않으면 부정 개선의 계기가 생기지 않을 것이다. 셋째, 공금 사용에 관해서는 투명한 시스템을 만들어야 한다. 연말에 영수증을 모아 정산하는 등 돈과 관련해서는 시스템 구축이 필수이다. 넷째, 부정한 직원을 엄벌해야 한다. 지위의 고하를 막론하고 부정한 행위에 대해서는 동일하고 엄하게 처벌하는 것이 중요하다.

이러한 규칙을 잘 실천하는 기업이 있다. 1837년에 설립된 스웨덴의 압축기·산업용 공구 회사인 아트라스콥코(Atlas Copco)이다. 이 회사는 '무관용 원칙'을 세워 회사 내 임직원이 지켜야 할 규정을 만들고, 이를 어길 경우 회장부터 말단 직원까지 예외 없이 무조건 퇴출하도록 하고 있다. 그 결과 스위스 다보스 포럼이 발표하는 글로벌 지속가능 경영 100대 기업에 10년 연속 선정되었고, 2016년에는 34위를 차지하기도 했다.

조직 측면에서 투명성을 지키는 마지막 방법으로 회계감사를 외부업체에 맡겨 외부자들의 정보 이용 시 정직한 정보를 줘야 한다. 투명성을 지키는 방법과 관련하여 'TARGET-K기법'이라는 것이 있다. 내부고발자 등 직원의 불만이나 제안을 올바르게 다루는 방식으로, 그 의미를 해석해

표> TARGET-K기법

> **"내부고발자 등 직원의 불만이나 제안을 올바르게 다루는 방식"**

T(Thank)	말해준 사람에게 감사하라
A(Ask)	세세한 질문으로 상황을 명확히 하라
R(Reassure)	안심시켜라
G(Give)	그 상황에 대한 생각과 앞으로의 계획을 알려라
E(Encourage)	그 행동을 격려하여 강화시켜라
T(Take action)	상황을 수정하여 바로잡기 위한 행동을 취하라
K(Keep the person informed)	당신이 취한 행동, 결정, 문제해결 과정을 그에게 알려라

보면 Thank(말해준 사람에게 감사하라), Ask(세세한 질문으로 상황을 명확히 하라), Reassure(안심시켜라), Give(그 상황에 대한 당신 생각과 앞으로의 계획을 알려라), Encourage(그 행동을 격려하여 강화시켜라), Take action(상황을 수정하여 바로잡기 위한 행동을 취하라), Keep the person informed(당신이 취한 행동, 결정, 문제해결 과정을 그에게 알려라)이다.

정직한 기업을 만들기 위해 무엇보다 중요한 것은 원칙을 현실에 반영하는 것이다.

<원칙과 현실의 조화>

다음으로 원칙과 현실을 조화시키는 방법에 대해 살펴보자.

첫 번째는 경영자와 조직원들의 대화이다. 경영자가 생각하는 도덕적 원칙이 실제 업무를 하는 직원들에게는 상당한 부담을 느끼게 할 수 있다. 한 방법으로 '일정 금액 이상만 영수증 철을 하자'고 절충안을 낼 수도 있다.

두 번째, 외부인에게 자문을 구하는 방법이다. 이 시스템을 적용하면 외부인은 보다 객관적으로 기업을 볼 수 있고 기업의 현실에 맞는 원칙을 중립적으로 정해줄 수 있다.

세 번째, 직원 자체적으로 정기 회의를 갖는 것이다. 회식이나 세미나 방식으로 정기적으로 모임을 갖는 것이 좋은데, 지속적으로 대화를 하다 보면 기업의 사정에 알맞은 원칙으로 수정해 나갈 수 있게 된다.

네 번째, 기업을 이끄는 리더가 어떤 원칙을 기업에 적용할지 정하는 것이다. 기업은 소수의 리더가 이끌어가는 것이기 때문에 이 방법이 합리적일 수 있으며, 시간과 비용이 단축되고 신속한 대응이 가능할 것이다.

다섯 번째, 중요한 안건에 투표하는 방식으로서 가장 민주적인 방법이다. 이 방법은 익명성이 보장되기 때문에 눈치 보지 않고 의견을 낼 수 있다. '대학내일'이라는 회사는 대표이사도 직원들이 직접 투표로 뽑는다고 한다. 이러한 원칙과 조화의 방법을 통해 우리의 조직을 정직한 문화로 만들어보자.

여러분이라면 이런 상황에서 어떻게 대처하겠는가?

당신은 팀장으로부터 10일 안에 이탈고객 확보방안에 대한 자료를 작성하라는 지시를 받았다. 자료 제출을 요청받은 일자로부터 7일이 지났다. 하지만 당신은 다른 긴급한 업무들로 인해 이탈고객 확보방안 자료 작성을 시작하지도 못한 상태이다. 그런데 팀장이 당신에게 자료 작성은 잘되어가는지 물었다. 참고로 해당 자료는 남은 3일 동안 철야 작업을 해도 다 완성하지 못하는 자료이다.

다음 중 하나를 선택해보고 선택한 이유를 말한 후 전문가의 의견을 확인해보자.
① 다른 이야기로 주제를 돌린다.
② 잘되어가고 있다고 이야기한다.
③ 아직 시작도 못했다고 솔직하게 이야기한다.

전문가 의견

01. 그 상황을 모면할 수는 있겠지만, 결국 3일 뒤에 사실이 드러날 것이며, 이야기의 주제를 돌리는 것이 드러날 경우 오히려 끔찍한 상황을 직면하게 될 것이다.
02. 그 시점에는 아무런 문제없이 넘어가겠지만 3일 뒤 자료를 보고할 때에 결국 거짓임이 드러나면서 팀장은 물론이고 자기 자신에 대한 신뢰를 떨어뜨려 업무 전체에 대한 불신으로 이어질 수 있다.
03. 팀장으로부터 매우 부정적인 피드백을 받겠지만, 거짓을 이야기했을 때보다는 평판이 나빠지지 않을 수 있으며, 7일 동안의 긴급했던 업무상황을 함께 이야기한다면 상황을 미리 보고하지 않은 부분에 대해서만 문책받고 자료 작성에 대한 기간은 조정될 수 있을 것이다.

05

책임의식

Sense of Responsibility

만약 여러분이 책임의식 없이 업무에 임한다면 과연 업무 결과물의 효과와 효율을 기대할 수 있을까? 또한 업무 협조자들의 신뢰를 얻을 수 있을까? 리더의 입장에서 조직원의 성과를 공식적으로 인정해주는 업무책임 이관은 권한 위임의 핵심적인 방법이다. 그러나 조직원의 입장에서 업무책임은 주체적인 성과를 인정받을 수 있는 기회이지만 한편으로는 가장 부담스러운 회사생활의 단면이기도 하다. 그래서 공정하고 바람직한 업무책임 이관이 이루어지지 않을 경우 조직 갈등으로 이어질 수 있다. 조직 내에서 책임과 관련하여 일어나는 다양한 문제들 — 리더가 업무책임만 주고 성과는 자신이 독차지하는 경우, 리더가 조직원의 직급을 고려하지 않고 과잉 책임을 이관하는 경우, 조직원이 책임을 전혀 이관받지 않고 지시받는 업무만 원하는 경우 등을 경험해본 적이 있는가? 그렇다면 이러한 조직 내 책임의 문제는 어떻게 적용되어야 할까?

기업의 핵심 인재 조건
1순위는 무엇인가?

조직 내에서의 책임감이란 얼마나 중요한 것일까? 기업의 핵심 인재 조건 1순위는 무엇일까?

한 온라인 포털에서 기업 최고경영자들을 대상으로 '핵심 인재의 최우선 조건'을 조사한 결과 '성실하고 책임감이 강한 인재'가 전체 응답자의 41.9%로 1위를 차지했다. 이뿐만 아니라 핵심 인재가 갖춰야 할 역량에서도 '책임감'을 첫 번째로 꼽았고, 인성과 됨됨이가 그 뒤를 이었다. 그 외 답변으로 소통능력, 도전정신과 집념 등이 있었다.

책임감의 여부가 최고 또는 최악의 직장 동료를 구분하는 기준이라는 것을 보여주는 결과라고 할 수 있다. 책임감을 가지고 일을 한다는 것은 자신이 맡은 업무를 제대로 감당하는 것으로, 조직생활을 잘하고 있다고 볼 수 있다.

책임감 보존의 법칙이란?

'책임감 보존의 법칙'이란 무엇일까? 질량 보존의 법칙처럼 책임감에도 총량이 정해져 있다는 것이다. 한 사례로, 책임감으로 똘똘 뭉친 김 팀장이 있다. 팀장으로서의 책임감이 뼛속까지 박혀 있기 때문에 팀 내 모든 일에 간섭하고 직접 결정을 해야 직성이 풀리는 성격이다. 그렇기 때문에 김 팀장은 거의 모든 일에 본인이 직접 나서서 소소한 일까지 간섭하고 결정을 한다. 사무용품 구매 문제부터 팀 회식 여부, 메뉴, 회식 장소는 물론이고 게스트로 누구를 초대해야 할지, 거래처 결혼식에 축의금을 얼마나 내야 하는지까지 모두 관여하여 결정한다. 그러니 모두가 얼마나 힘들겠는가.

그런데 김 팀장은 김 팀장대로 이 팀에서는 자기가 아니면 되는 일이 없다며 볼멘소리를 하고, 팀원들은 팀원들대로 어차피 팀장이 결정할 것이라는 불만을 갖고 있다. 특히 고참 팀원까지도 '나는 이 팀에서 아무것도 아니야. 팀장이 나서서 다 하는데 나까지 나설 일이 뭐가 있겠어. 결정된 일을 하면 되는 거지'라고 생각한다. 김 팀장이 모든 책임을 다 지고 있기 때문에 상대적으로 다른 직원들이 책임을 회피하게 되는 것이다. 이것이 '책임감 보존의 법칙'이다. 즉, 오랫동안 이어진 인간관계에서는 어떠한 상황에서건 두 사람이 맡은 책임의 양이 정해져 있다는 것이다.

또 책임 과잉 상태에 있는 사람의 책임량과 책임 회피 상태에 있는 사람의 책임의 양은 서로 상쇄한다. 그래서 한 사람이 과도하게 책임감을 느끼면 다른 한 사람은 상대적으로 책임을 회피하게 된다. 현명한 리더라면 책임감을 분담하는 것이 중요하다. 이처럼 과도한 책임 때문에 생기는 문제를 '책임감 바이러스'라고 부르는데, 책임감 바이러스는 조직 내 협력을 없애고 불신과 오해를 부르며 의사결정 능력을 떨어뜨린다.

책임감이란 무엇인가?

•

사람에게는 일반적으로 두 가지 책임이 따르는데, '도덕적 책임'과 '법률적 책임'이다. 도덕적 책임은 '스스로의 행위에 관하여 자타의 평가를 받아 자책 또는 남으로부터의 비난 등 여러 가지 형태의 도덕상의 제재를 받아들이지 않으면 안 되는 경우'이며, 법률적 책임은 '타인에게 가한 손해에 대하여 법률에 따라 배상하거나 범죄로 인해 형벌을 받지 않으면 안 되는 경우'를 말한다.

직장인들에게는 이와 함께 또 하나의 책임이 부과된다. 이것은 '업무상 책임'으로, 업무를 태만하게 하는 경우 제재를 받게 되는 것이다. 업무상 책임에는 도덕적 책임 또는 법률적 책임을 져야 하는 경우와 그렇지 않은 경우가 모두 존재한다. 이러한 업무상 책임에 대해 집중적으로 살펴보자.

'책임감'이란 무엇일까? 책임감이란 '내가 해야 할 일들이 무엇인지 알고 끝까지 맡아서 잘 수행하는 태도'를 말한다. 책임감에 대해 이야기하기 위해 '노드스트롬(Nordstrom)'이라는 백화점의 사례를 살펴보자. 노드스트롬은 미국에서 100년 역사와 전통을 자랑하며 4대째 가족 경영을 이

어오는 기업이다. 고객만족 경영의 전설로 불리며 서비스 업계의 표준이 되고 있다. 이 백화점은 고객에게 절대로 NO라고 말하지 않는 것으로 널리 알려져 있다.

　어느 날 한 신사가 부인에게 줄 향수를 사러 노드스트롬 백화점에 갔다. 그런데 하필 신사가 찾는 그 제품이 모두 판매되어 재고가 없는 상황이 벌어졌다. 담당 직원은 신사에게 15분만 기다려주면 제품을 구해 드리겠노라 말했고, 신사는 담당 직원의 말대로 15분을 기다렸다. 그렇게 정확히 15분이 흐른 뒤 직원이 가쁜 숨을 고르면서 달려와 신사가 원하는 향수를 건넸다. 알고 보니 담당 직원은 놀랍게도 다른 매장을 찾아가 자신의 돈으로 신사가 원하는 제품의 향수를 구입하여 건네준 것이었다. 자신의 시간과 노력, 비용을 들여서까지 고객을 실망시키지 않기 위해 최선을 다한 이 직원에게서 직원으로서의 책임감을 엿볼 수 있다.

　이렇게 믿고 찾아온 고객을 위해 기지를 발휘해 대응한 책임감 있는 직원은 조직의 경쟁력에도 큰 도움을 주게 된다. 독립운동가였던 도산 안창호 선생은 이런 말을 남겼다. "책임감이 있는 이는 역사의 주인이요. 책임감이 없는 이는 역사의 객이다."

　여러분은 회사의 주인인가, 손님인가?

　주인은 매사에 책임감을 가지고 임하지만, 손님은 책임감 없이 행동할 때가 대부분이다.

책임감 바이러스란 무엇인가?

••

로저 마틴(Roger Martin)이 주로 사용하던 용어인 '책임감 바이러스'는 '책임감 과잉이나 회피 등이 조직에 바이러스처럼 퍼져나가는 것'을 일컫는다. 이는 직원들에 대한 압박, 비전에 대한 짜증, 임무 도피, 책임전가 등 다양한 형태로 나타난다. 책임감 바이러스의 시작은 실패에 대한 두려움에 있다고 한다. 그렇기 때문에 책임감 바이러스에 빠지면 이상할 정도로 자신의 생각이 옳다는 것을 뒷받침하는 사실만 보이게 된다.

리더는 중요한 의사결정을 위해 영웅적으로 책임을 짊어지려 하고, 주변 사람들과 책임에 대한 부담을 나누거나 함께 일하려고 하지 않는다. 항상 리더만 바라보는 부하직원들은 리더의 능력은 생각하지 않고 그가 위기상황을 주도하고 통제할 수 있을 것이라고 믿는다. 그래서 리더는 혼자서 모든 상황을 통제하고 자신의 능력을 넘어서는 책임까지 도맡아야 한다고 결론을 내리게 된다. 혹시 여러분이나 여러분의 조직원이 이런 모습을 보이고 있지는 않은가?

그렇다면 왜 책임감 바이러스에 걸리는 걸까?

'잘되면 내 탓, 잘못되면 조상 탓'이라는 속담에서도 알 수 있듯 일이 잘 풀릴 때는 내가 잘한 것이고 일이 잘못될 때는 자신에게 쏟아지는 비난의 화살을 피하기 위한 이유를 외부에서 찾는 것이 인간의 본성이다.

책임감 바이러스의 근본 원인은 조직 구조에 있는 것이 아니라 인간의 마음속 깊은 곳에 있다. 어떤 사람이 아주 짧은 시간에 상황을 판단하고 곧바로 자신이 책임을 떠맡겠다며 '내가 책임지겠다'라는 강력한 메시지를 보내면 주변에서는 '그럼 저는 뒤로 빠져 있을게요'라는 생각을 갖게 된다. 이처럼 확신에 찬 표현이나 결단력 있는 자신의 주장이 다른 사람으로 하여금 수동적인 행동을 유발할 수도 있다.

<h2 style="text-align:center">책임감 바이러스의 양상</h2>

● ● ●

책임감 바이러스는 '책임 회피의 늪'과 '책임 과잉의 덫'이라는 두 가지 측면을 가지고 있다. 책임감 바이러스가 조직에 어떻게 퍼져 있는지 사례를 통해 좀 더 깊게 살펴보자.

<책임 회피 사례>

'책임 회피'와 관련된 사례이다. A사의 김 과장은 오후에 후반기 판매량 목표 설정에 따른 팀장 회의에 참석할 예정이다. 며칠 전 회의에 필요한 영업 데이터를 박미진 씨에게 지시해두었다. 박미진 씨는 이전에 이 대리에게 업무 인수·인계를 받았던 때를 떠올리며 전체 통계를 정리하면 될 것이라는 생각으로 서류를 작성하여 김 과장에게 전달했다. 회의시간이 임박해서 서류를 받은 김 과장은 깜짝 놀랐다. 판매 목표 설정 회의이므로 상품별 총 판매 실적, 상품별 판매 성장률 등에 관한 상세한 데이터가 준비되었을 것이라고 생각했는데 박미진 씨가 전해 준 서류에는 그러한 내용들이 빠져 있던 것이다. 김 과장은 박미진 씨에게 왜 이렇게 정리했는지 물었고, 이에 박미진 씨는 이 대리가 이렇게 정리하면 된다고 해서 그렇게 정리한 것이라고 답변했다. 그러는 사이에 회의시간은 다가오고, 김 과장은 하는 수 없이 데이터 준비가 부족한 상황에서 회의장으로 이동했다.

이 사례에서 박미진 씨는 해당 업무와 전혀 상관없는 사람인 이 대리에게 책임을 전가하고 있다. 이러한 책임 전가는 이 대리와 김 과장의 관계를 어렵게 할 수 있고, 박미진 씨에 대한 신뢰를 떨어뜨리는 요인이 될 수 있다. 여기서 책임 회피와 관련하여 알아야 할 한 가지가 있다. '책임감 있게 보이는 것까지 관리하라'는 것이다.

또 다른 사례이다. 이 상무는 부서 성과도 좋고 몇 년간 휴가도 반납한 채 죽어라 일만 했다. 그런데 최근 직원들의 상사 평가에서 이 상무의 책임감 항목은 매우 낮게 나왔다. 대부분의 리더는 나름의 책임감을 가지고 성과 창출을 위해 동분서주한다. 이 상무처럼 실제로는 최선을 다해 열심히 일하는데 유독 부하직원들에게 책임감이 부족하게 보이는 리더가 있다. 이런 평가를 받는 사람들은 최선을 알아주지 않는 직원들에 대해 억울하게 느낄 수 있다. 왜 이런 일이 생기는 것일까?

그것은 리더가 부하직원들과의 업무관계 속에서 책임감 있는 모습을 제대로 보여주지 못했기 때문이다. 리더는 부하직원들에게 일거수일투족을 관찰당하고 있기 때문에 실제 모습만큼이나 어떻게 보이는지도 중요하다. 그런데 상사를 대할 때와 달리 아무래도 부하직원을 대하는 일이다

보니 리더는 자기가 어떻게 비치는지 신경을 덜 쓰게 되고 자신도 모르는 사이에 책임감 있는 이미지를 훼손시키는 행동을 할 수 있기에 더욱 주의를 기울여야 한다.

<책임 과잉 사례>

다음으로 '책임 과잉'과 관련된 사례를 살펴보자. B사의 이 팀장은 자사의 Y상품만 보면 머리가 아픈데, Y상품이 모두 클레임을 당했기 때문이다. 특히 이 팀장의 거래처이자 Y상품을 많이 구매한 X사에서는 문제가 심각했다. 급기야 B사 경영팀에서는 X사에 납품한 상품을 전량 회수하라는 지시를 내렸다. 이 팀장에게는 2명의 부하직원이 있는데, 한 대리는 Y상품에 대해 풍부한 지식을 갖고 있고 거래처 X사와도 접촉이 많았다. 그러나 업무상 매우 바쁘고 새로운 프로젝트를 진행 중인 상황이다.

반면에 양 주임은 스케줄에 여유가 있었고, Y상품에 대한 지식도 어느 정도 있어 본인이 일을 처리해보겠다는 의사를 표현했다.

이 팀장은 고민 끝에 업무가 바쁘지만 믿음이 가는 한 대리에게 Y상품의 불량품 증가에 따른 원인 조사를 맡겼다. 결국 3주 뒤 한 대리는 바쁜 업무 스케줄로 인해 이 팀장이 지시한 일을 끝내지 못했으며, 이 팀장은 한 대리로 인해 난처한 상황에 놓이게 되었다. 이 사례는 고성과자에게 나타나는 책임 과잉 현상과 그에 따른 상호 간의 신뢰감 상실을 보여주고 있다. 책임 과잉은 지시자는 물론 업무자에 대한 불만을 갖게 함으로써 조직 내 갈등을 유발하는 민감한 문제로 작용하기도 한다.

<영웅적 리더의 부작용>

책임 과잉과 관련하여 '영웅적 리더의 부작용'에 대해서도 주의해야 한다. 매사에 적극적으로 행동하는 사람은 뒤로 물러서려는 상대방의 행동이나 태도를 보고 주어진 일에 대해 상대방의 책임까지 혼자서 다 떠맡겠다는 식으로 행동한다. 그러면 수동적인 태도를 보이던 상대방은 책임을 더욱 회피하는 쪽으로 의사결정을 내리게 된다. 이런 상황이 끊임없이 반복되면서 인간관계는 서서히 악화되고 더 이상 회복될 수 없을 정도로 나빠진다. 이는 영웅적 리더 개인의 좌절과 실패만으로 끝나는 것이 아니다. 실패의 상처는 관련된 모든 사람에게 바이러스처럼 전염된다. 이런 리더십은 조직의 협력 시스템을 무너뜨리고 불신과 오해를 낳아 리더와 그를 따르는 조직원의 역량마저 떨어뜨리게 된다.

이러한 책임감 바이러스의 부정적인 측면들을 어떻게 극복할 수 있을까?

책임감 바이러스 극복 방안

••••

지금까지 책임감 바이러스가 무엇이며 조직 내에서 어떤 형태로 드러나는지 그 양상을 살펴보았다. 이제 이것을 어떻게 극복할 것인지 알아보자.

조직 차원에서는 책임감 바이러스 극복 방안으로 다음 4가지가 필요하다. 첫째는 '의사결정 프로세스의 개선'이다. 의사결정 초기 단계부터 다른 사람들의 참여를 유도해야 한다. '결정은 자기들이 해놓고 왜 나보고 엉뚱하게 그 일을 하라는 거야. 나는 뭐가 어떻게 진행되는지도 모르는데….' 지금까지 이런 말을 해왔는가? 그렇다면 지금부터는 '자, 우리에게 이런 일이 떨어졌습니다. 이 일을 성공적으로 수행하기 위해 무슨일을 어떤 순서로 하며 각자 어떤 역할을 할 것인지 여러분의 의견을 듣고 싶습니다.'라는 대화가 오고 가야 한다. 같이 결정을 하고 거기에 동참할 때 책임감은 자연스럽게 생겨나기 때문이다. 단, 여러 사람이 결정을 내리는 과정에서 주의해야 할 것이 있다. 바로 대립하는 의견을 가진 사람들이 서로를 이기려는 분위기에서 발생하는 긴장 요소를 제거할 수 있어야 한다. 그리고 감정적으로 대립하는 상대들이 충분히 논리적으로 수용할 수 있도록 새로운 정보를 수집해서 의견 충돌이 일어나는 상황을 막아야 한다.

둘째는 '프레임의 전환'이 필요하다. 이와 관련된 3가지 관점은 일 자체에 대한 관점, 일과 관련된 나의 관점, 그리고 일과 관련된 다른 사람의 관점이다. 그중 일과 관련된 나의 관점은 '내가 많은 정보를 갖고 있지만 내가 상황의 전부를 볼 수 있는 것은 아니다'라고 전환해야 한다. 또한 일과 관련된 다른 사람의 관점 역시 '상대방은 내가 알지 못하는 것을 알고 있을 수 있고 그러한 사실들은 내게 도움이 된다'라고 생각할 수 있어야 한다.

셋째는 '책임 사다리'이다. 일을 할 때 해당 업무에 대한 책임 수준을 명확히 하는 것이 필요한데, 이때 책임 사다리를 사용하면 도움이 될 수 있다. 책임 사다리는 책임 수준을 6단계로 나눈 것으로 완전히 책임지지 않으려는 단계, 다음 기회를 위해 배우려는 단계, 함께 일하겠다는 의지를 나타내는 단계, 의사결정의 대안을 생각하기 시작하는 단계, 자신감을 갖고 하나의 대안을 추천할 수 있는 단계, 모든 것을 혼자 결정하는 단계 등으로 구분된다.

넷째는 '새로운 리더십'이 필요하다. 위기에 직면한 리더들은 모든 책임을 혼자 짊어지고 다른 사람에게 이야기하지 않으면서 결과를 자신의 능력에 대한 검증으로 받아들이는 경향이 있다. 이러면 안 된다. 이제는 혼자 책임을 지는 대신 대화를 통해 책임을 부하와 나누고, 능력에 맞지 않는 책임을 맡는 대신 능력에 맞게 책임을 나누는 리더십이 필요하다.

한편 조직 차원과 별개로 개인 차원에서는 책임감 바이러스를 어떻게 극복해야 할까? '책임 마인드의 혁신'이 필요하다. 내가 상황을 통제해야 한다고 믿던 생각에서 벗어나 자발적인 참여와 헌신을 이끌어냄으로써 상황을 유지할 수 있다는 생각으로 바꾸는 것이 필요하다. 난처한 상황을 피하는 데 급급하던 생각을 상황에 대해 공개적이고 공정한 검증을 받아야 한다는 생각으로 변화시켜야 한다.

GE의 전 CEO 잭 웰치는 A등급 직원을 정의하는 기준에 대해 주저 없이 '열정'이라고 대답했다. 일에 대한 열정을 갖는다면 책임감 바이러스를 극복하고 A등급 직원으로 거듭날 수 있을 것이다.

여러분이라면 이런 상황에서 어떻게 대처하겠는가?

당신은 팀 리더급이지만 아직 팀장은 아니다.

요즘 후배 직원이 거래처 관리를 제대로 하지 않아 거래처 불만이 여기저기서 나오고 있다. 회사와 팀이 곤란한 상황에 처하게 된 것이다.

이 거래처는 후배가 맡기 전에 당신이 맡아왔던 거래처이다. 팀장은 직접 말은 안 하지만 당신이 다시 맡아서 관리해주기를 바라는 눈치이다.

하지만 당신은 이미 다른 거래처를 관리하고 있고 감당하기 어려울 정도로 바쁜 상황이다. 이런 가운데 이제 곧 거래처 관리에 대한 대책회의가 시작될 예정이다.

다음 중 하나를 선택해보고 선택한 이유를 말한 후 전문가의 의견을 확인해보자.

① 내가 책임지겠다고 대답한다.

② 후배 사원의 문제점을 지적한다.

③ 후배가 문제를 주도적으로 해결할 수 있도록 적극적으로 협조한다.

전문가 의견

01. 영웅적 리더의 대표적 모습으로 개인적인 책임 과잉과 조직적인 책임 회피를 야기할 수 있다.

02. 실천적인 업무 피드백이 아닌 구두 피드백만으로 끝나는 것은 이미 불만이 터져 나온 상태에서 적절한 대응이라고 보기 어렵다.

03. 후배가 문제를 해결하도록 적극적으로 협조하되 후배가 주도적으로 해결하도록 하는 것이 중요하다.

셋째
가지

禮

기업가치 준수

Obey Corporate Value

여러분은 재직 중인 회사의 미션과 비전 그리고 핵심가치를 얼마나 알고 있는가? 혹시 '회사생활을 열심히 하고 있으니 몰라도 상관없어'라고 생각하고 있는가?

일상의 예를 들어보자. 만약 가족여행을 갔는데 여행 코스마다 가족들이 서로 다른 선택을 한다면 어떻게 될까? 즐겁고 행복한 여행을 기대하기 어려울 것이다. 하지만 여행 시작 전 이번 여행의 목적을 명확하게 하고 중요한 선택의 기준을 합의해 둔다면 의견의 차이를 줄일 수 있을 것이다. 기업도 마찬가지이다. 가족 여행과 같이 기업도 목적과 선택의 기준을 합의하여 경영할 때 내부 불화를 막고 목적에 대한 방향성을 지켜나갈 수 있다. 여러분은 지금 당신이 몸담고 있는 회사의 기업가치, 즉 미션과 비전 그리고 핵심가치가 무엇인지 알고 있는가?

성공하는 회사로 만들기 위해
기업 가치관은 정말 중요한가?

좋은 회사를 만들기 위해 기업의 가치관이 정말 중요한가에 대한 이야기를 하기 전에 Built to Last: Successful Habits of Visionary Companies 라는 책을 소개한다. 우리나라에서는 '성공하는 기업들의 8가지 습관'으로 출간된 짐 콜린스(Jim Collins)와 제리 포라스(Jerry I. Porras)의 유명한 저서이다. 이 책에서는 비전을 가진 기업의 성공적인 8가지 습관을 소개하고 있다.

첫째, 시간을 알려주지 말고 시계를 만들어줘라. 둘째, 이윤 추구를 넘어서라. 셋째, 핵심을 보존하고 발전을 자극하라. 넷째, 크고 위험하고 대담한 목표를 가져라. 다섯째, 사교 같은 기업문화를 가져라. 여섯째, 많은 것을 시도해서 잘되는 것에 집중하라. 일곱째, 내부에서 성장한 경영진을 만들라. 여덟째, 끊임없는 개선을 추구하라 등이다.

이러한 기업 가치관을 갖고 있는 회사는 분명 일반 기업과 차별점을 지닌다고 볼 수 있다. 그리고 명확한 가치관을 정립하고 오랜 기간 그러한 가치관에 따른 행동을 취해온 기업은 그렇지 않은 기업에 비해 5~6배나 더 빠르게 성장한다는 연구 결과도 있다. 비전기업의 장기 주가는 경쟁기업의 6배, 시장 평균 주가의 15배에 달하는 것을 볼 수 있다. 비전기업이란 임직원들이 조직원과 가치관을 공유하고 한 방향으로 나아가면서 그들의 사고와 행동을 규율하는 경영 인프라라고 볼 수 있다. 명확하게 정립된 가치관은 조직 구성원의 일관적인 행동과 협력적인 태도의 기준에 영향을 주고, 이는 더 높은 고객 만족도와 더 강력한 시장 경쟁력으로 이어지게 한다.

기업 가치관에서 중요한 것은
CEO의 가치관인가?

CEO의 가치관과 구성원의 가치관이 다를 수 있다. 그렇다면 이럴 때 더 중요한 것은 CEO의 가치관일까 구성원의 가치관일까?

사실 많은 기업에서는 CEO의 가치관을 기업의 가장 중요한 가치관으로 보고 있다. CEO가 안정과 유지, 도전과 경쟁 중 어떤 것을 더 중요하게 여기는지에 따라 기업의 중요한 결정사항이 있을 때 그 결정의 방향에 큰 영향을 미치게 된다.

그렇다면 구성원들이 CEO의 가치관을 잘 이해할 수 있을까? 이것이 문제이다. 직원들이 CEO의 가치관을 잘 모르고 있을 경우 결정을 이끈 '가치관'은 보이지 않고 '결정사항'만 보인다는 것이다. 그 결정사항이 어떤 가치관에서 나온 결과라는 사실을 인식하지 못하고 조직원들이 불만을 갖기 시작하면 조직원들 간의 불화는 물론 기업 분위기 또한 나빠질 수밖에 없다. 따라서 기업의 CEO라면 좋은 가치관을 수립하고 반드시 그

가치관이 구성원들에게 공감을 얻을 수 있도록 해야 한다. CEO의 가치관을 조직원들이 잘 이해하고 한 방향으로 움직이게 되면 분명 그 기업에 힘이 생긴다.

기업의 가치관에 대한 이해

●

사람에게는 저마다 가치관이라는 것이 있다. 가치관이란 '판단이나 행동에 대한 평가의 기준이 되고 사람들이 무의식적으로 취하게 되는 행동을 결정하는 것'을 의미한다.

예를 들어 밤늦게까지 고객을 만나고 회식을 하느라 피로에 찌든 몸을 이끌고도 멀리 떨어진 상가에 조문을 가거나 다른 약속 장소로 향하는 사람이 있다. 이러한 행동 역시 자신의 가치관에 입각한 것으로 의리와 예의를 소중하게 여기는 가치관에 따른 자발적인 행동이다.

이러한 가치관은 사람뿐만 아니라 기업에도 존재하는데, 그것이 바로 '기업가치'이다. 기업가치는 자본, 기술, 특허권, 건물, 사람 등 다양한 영향을 받지만 그 본질에는 사람이 있다. 사람을 빼면 기업은 존재할 수 없기 때문이다. CEO를 포함한 모든 임직원이 중요하게 생각하는 가치를 중심으로 한 방향으로 정렬을 이루게 하는 경영기법을 '가치관 경영'이라고 한다. 그럼 무엇을 가치관이라고 할까? 다음 3가지 질문을 통해 파악할 수 있다.

먼저 WHY? 사람에게는 '왜 사는가?'라고 질문한다면 기업에게는 '왜 존재하는가?'라고 질문할 수 있는데 이것이 바로 '미션'이다. 그리고 WHAT? 무엇이 될 것인가? 이것은 '비전'으로 연결된다. 그다음으로 HOW? 사람에게는 '어떻게 살 것인가?'라고 질문한다면 기업에게는 '어떤 방식으로 사업을 할 것인가?'로 질문할 수 있으며 그 답은 '핵심가치'가 된다. 기업의 가치관을 구성하고 있는 미션, 비전, 핵심가치 3가지에 대해 각각 살펴보자.

<기업의 미션>

미션이란 '다른 기업과 차별화시키고 그 활동 영역을 규정해주는 것'으로 기업의 존재 의의와 목적을 나타내는 것이다. 경영 전략의 대가 피터 드러커는 이렇게 말했다. "미션이 있으면 분명히 고객은 있다. 고객을 만족시키기 위해서는 고객이 원하는 가치를 알아야 한다. 이를 통해 비로소 추구해야 할 성과가 명확해지며 나아가 계획을 세울 수 있다." 이처럼 미션은 기업 경영 전략 수립의 제1선에 놓인 가치관으로 모든 경영 전략의 근간이 되며, 성과 역시 미션 방향과 일치되는 것이다. 그렇다면 어떤 미션이 좋은 미션이며 바람직한 미션일까?

첫째, 구성원들에게 명확한 가이드라인을 제시해주어야 한다. 바람직한 사명은 구성원들에게 공통된 목표 의식을 준다. 이와 함께 기업에 활동 영역을 정해주어야 한다. 영역이 광범위하면 기업이 가야 할 방향성을 잃을 수 있기 때문이다. 둘째, 조직원들에게 동기를 부여해야 한다. 구

표> 미션(Mission)

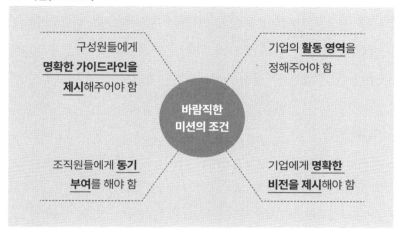

성원들이 자신의 업무에 대해 자부심을 가지고 의미를 발견할 수 있어야 좋은 사명이다. 셋째, 기업에게 명확한 비전을 제시해야 한다. 비전을 제시하지 못한다면 바람직한 사명이 아닐 것이다.

<기업의 미션 사례>

글로벌 기업들은 저마다 분명한 미션을 가지고 있다. 디즈니(Disney)는 '가족들에게 매혹적인 세계를 창조한다', HP(Hewlett Packard)는 '인류의 발전과 복지를 위해 기술적인 공헌을 한다', 구글(Google)은 '세상의 모든 정보를 쉽게 접근하고 사용할 수 있도록 한다'라는 미션을 가지고 있다. 애플은 '사람들에게 힘이 되는 인간적인 도구들을 제공해 우리가 일하고 배우는 소통의 방식을 바꾼다'는 미션을, SOFTBANK는 '세상 많은 사람들에게 정보통신 혁명으로 더욱 행복하게 한다'라는 미션을 수립했다. 삼성은 '인재와 기술을 바탕으로 최고의 제품과 서비스를 창출하여 인류사회에 공헌한다', LG는 '고객을 위한 가치 창조'라는 미션을 가지고 있다. 어떠한가? 명확하며 동기 부여가 되는 미션인가?

<기업의 비전>

비전은 '미래에 달성하고자 하는 기업의 모습'을 말한다. 미션이 한 가지로 정해지고 좀처럼 변하지 않는 것이라면, 비전은 상황과 시기에 따라서 변할 수 있으며 두 가지 이상으로 구성될 수 있다는 차이점이 있다. 바람직한 비전은 조직의 역사와 문화와 조화를 이루어야 하는데, 아무리 좋은 비전이라도 기업의 문화와 조화를 이루지 못한다면 달성하기 힘들

표> 비전(Vision)

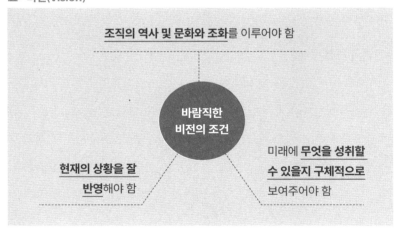

기 때문이다. 아울러 비전은 현재의 상황을 잘 반영해야 한다. 자산이 100억 원인 기업에게 1,000억을 들여야 달성할 수 있는 비전을 제시하는 것은 비현실적이다. 또한 미래에 무엇을 성취할 수 있을지 구체적으로 보여주어야 한다. 구체적이지 않은 비전은 망상에 불과하다.

<기업의 비전 사례>

국내 기업들의 비전을 살펴보자. CJ의 비전은 '건강, 즐거움, 편리를 창조하는 글로벌 생활문화기업'이며, 농협의 비전은 '함께 성장하는 글로벌 협동조합'이다. 이마트는 '풍요로운 가치를 창조하는 기업', 현대자동차는 '자동차에서 삶의 동반자로', 대한항공은 '세계 항공업계를 선도하는 글로벌 항공사'라는 비전을 가지고 있다.

이러한 비전들에서 엿볼 수 있듯 효과적인 비전은 가까운 장래 혹은 꽤 먼 미래에 그 조직이 어떤 일을 하게 되고 어떤 모양이 되어 있을지에 대하여 설명하고 있으며 이해관계의 당사자들 즉, 고객과 주주, 직원들이 기대할 수 있는 이익에 대해서 명확하게 설명해준다.

주의할 점은 현실적이며 듣기에는 그럴싸해 보인다고 해서 실현 가능한 것은 아니라는 점이다. 목표를 성취할 수 있도록 직원들의 동기를 유발할 정도로 명료하되 동시에 각자의 독자성을 인정하는 융통성이 있어야 하고 공유하고 전달하기 쉬워야 한다.

<기업의 핵심가치>

　　핵심가치는 '기업이 지향하는 본질적이고 지속적인 신념'인데, 핵심가치에 대해 여러 학자들이 그 개념을 정의했다. 콜린스와 포라스는 '특수한 문화나 운영 지침과 혼동되어서는 안 되며, 경제적 이익이나 근시안적인 기대치와도 타협해서는 안 되는 조직의 필수적이고 영속적인 신념'이라고 정의했다. 폴(R. Paul)은 '조직 내 깊게 내재된 믿음의 표현이며 모든 직원이 생활에서 나타나는 행동에 의해 조직을 인도하는 영원한 법칙'이라고 정의했다. 그리고 클린케(Klenke)는 '핵심가치란 우선순위에 대해 조직 구성원들이 이전에 해놓은 결정으로서 개인과 조직의 성과를 이끌어 내는 역할을 하는 가치'라 하였고, 찰스와 힐(Charles & Hill)은 '조직의 미션이나 비전을 성취하는 데 도움을 줄 수 있는 비즈니스를 하는 방식이자 구성원들의 활동 방식에 대한 규정'이라고 정의했다.

<바람직한 핵심가치>

　　그럼 바람직한 핵심가치란 어떤 것인가?

　　첫째, 기업의 정체성과 방향을 제시하는 가치를 포함해야 한다. 둘째, 조직 구성원의 의사결정과 행동의 기준을 제시해야 한다. 아무리 좋은 핵심가치라도 행동으로 이어지지 않으면 무의미하다. 셋째, 기업과 연관된 구성원들의 관점과 이익이 균형 있게 반영되어야 하며, 일방적으로 희생을 강요해서는 안 된다. 넷째, 누구나 이해할 수 있고, 간단하면서 해석이 가능해야 한다. 구성원이 이해하지 못하는 핵심가치는 의미가 없기

표> 핵심가치(Core Value)

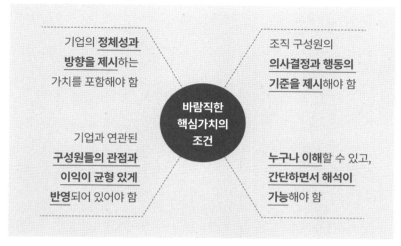

기업의 **정체성과 방향을 제시하는** 가치를 포함해야 함

조직 구성원의 **의사결정과 행동의 기준을 제시**해야 함

바람직한 핵심가치의 조건

기업과 연관된 **구성원들의 관점과 이익이 균형 있게 반영**되어 있어야 함

누구나 이해할 수 있고, 간단하면서 해석이 가능해야 함

때문이다.

잘 알려진 글로벌 기업들은 어떤 것을 핵심가치로 삼고 있을까?

디즈니는 상상력 · 창의성 · 재미를 핵심가치로 두고 있다. 애플은 단순함 · 디자인 · 품질을, 삼성은 인재제일 · 최고지향 · 변화선도 · 정도경영 · 상생추구를 핵심가치로 여긴다. 알리바바(Alibaba)는 변화수용 · 열정 · 고객우선 · 팀워크 · 정직성 · 책임감을, 듀폰(Du Pont)은 안전과 보건 · 윤리준수 · 직원존중 · 환경보호를, 아마존(Amazon)은 고객에 대한 집착 · 혁신 · 행동 중심주의 · 주인정신 · 엄격한 채용기준 · 검역을 핵심가치로 두고 있다. 기업은 이러한 핵심가치에 따라 움직이고 변화해나가고 있는 것이다.

기업가치, 어떻게 만들어지는가?

••

　우리는 기업가치가 기업의 성공에 어떻게 영향을 미치는가에 대해서 살펴보았다. 기업가치의 영향력에 있어 미션, 비전, 핵심가치는 각각 어떤 역할을 하고 있을까?

　미션은 명확한 가치를 제공해 주고 기업이 어떤 분야에서 성공해야 되는지 영역을 설정해주며 조직 구성원의 동기를 유발한다. 다음으로 비전은 기업의 현실적이고 신뢰성 있는 미래를 창출하게 하고 세상의 급속한 변화에 대처하는 방향을 제시해 준다. 또한 조직원에게 힘을 불어넣어줄 뿐만 아니라 고객에게도 힘을 불어넣어주며, 구성원들이 하나의 목표를 향해 협력하게 만든다. 마지막으로 핵심가치는 다양한 사람이 모인 집단에서 정신적으로 묶어주며 기업의 정체성과 소속감을 결집시키는 역할을 한다. 이는 조직원들에게 기업이 중시하는 가치와 의미를 부여해주며, 미래 비전의 근거를 제시하고 전략의 일관성을 유지시켜주는 역할을 한다. 이렇게 미션, 비전, 핵심가치가 각각 제 역할을 할 때 기업의 가치가 올바르게 확립되면서 기업을 변화시킨다.

<기업가치를 통한 위기 극복 사례>

　그렇다면 기업가치는 실제 어떻게 적용이 되며 실제 상황에 어떻게 반영되고 있을까? 기업가치를 통해 위기를 극복한 2가지 사례가 있다. 바비 인형을 만드는 마텔(Mattel)의 리콜 사례부터 살펴보자. 마텔은 2008년 바비 인형에서 납 성분이 검출되는 등 제품에 문제가 발생하면서 한 달에 무려 세 차례 리콜을 실시했다. 어린 자녀를 둔 30~40대 젊은 부모를 중심으로 분노의 목소리가 커지자 '장난감 왕국'이 곧 무너질 것처럼 보였다. 하지만 위기는 오래가지 않았다.

최고경영자 로버트 에커트(Robert Eckert)가 직접 방송 뉴스에 출연해 리콜 요령을 소개하고 언론에 사과문을 게재하면서 극적으로 분위기가 반전됐다. 에커트는 사과문에서 납 성분이 장난감에 들어가지 않게 하기 위해 만든 3단계 조치를 명료하게 설명했다. 그러면서 부모들 마음을 헤아려 바로 행동에 나섰다. 자세한 안내를 담은 리콜 설명서를 만들고 회사가 부담하는 리콜 우편 양식도 내려받을 수 있도록 했다. 마텔의 발

빠른 대처는 고객에게 믿음을 주어 신뢰를 회복할 수 있었다.

다음은 일본 도요타(Toyota)의 사례이다.

도요타는 1950년 경영난에 따른 1차 위기에 이어 2009년 차량 결함 은폐로 촉발된 이른바 '도요타 사태'로 위기를 맞았다. 이 일로 이듬해 1,637만 5,000달러의 과징금과 글로벌 금융위기라는 이중고를 맞으며 2009~2010년 2년 연속으로 5조 원이 넘는 적자를 냈다. 그렇다면 도요타는 이 위기를 어떻게 극복하였을까?

우선 도요타의 기업가치는 '리스펙트', 즉 남을 존중하고 확실한 상호 이해로 노력하며 최선을 다한다는 것이다. 이러한 '존중과 상호 이해'라는 기업가치 아래 2009년 글로벌 금융위기로 회사가 어려웠을 때 도요타 관련 회사 300개 노조가 직접 자동차 판촉 활동에 나서며 위기를 극복해냈다. 특히 2013년에는 사업부를 4개사로 분사하는 구조조정 과정에서도 노조의 협력이 절대적이었다.

그뿐만 아니라 도요타 노조는 2016년 2년째 흑자에도 불구, 기본급 인상 요구액을 절반으로 낮추기까지 했다. 당시 중국과 유럽의 글로벌 리스크가 고조되고 있는 위기감에 따른 공감대가 이루어졌기 때문이다. 도요타는 조직 구성원 전체가 기업가치를 함께 실천하며 위기를 극복하는 모습을 보여주었다. 그 결과 2014년 영업이익이 전년보다 20% 늘어난 2조 7,505억 원을 달성하면서 세계 판매량 1,023만 대로 1위에 복귀하는 반전 드라마를 이뤄냈다.

<기업가치와 조직문화>

마텔사와 도요타의 사례에서 조직 구성원들이 모두 공통의 가치 속에서 한 방향으로 힘을 쏟음으로써 위기를 극복하는 모습을 볼 수 있다. 이렇게 공유된 가치체계에 기반을 두어 조직 구성원 대다수가 공통적으로 가지고 있는 사고체계와 행동양식을 '조직문화'라고 한다.

이 두 가지 사례에서 우리는 기업가치가 잘 공유될수록 조직원들은 추진력, 창의력, 열정 등 기업을 성공으로 이끌 수 있는 공통된 행동양식 곧 조직문화를 만들 수 있음을 알 수 있다. 그렇기에 기업의 가치관이 조직원들에게 공유되는 것은 좋은 조직문화를 갖게 되는 데 중요한 역할을 한다. 좋은 조직문화가 있어야 궁극적으로 일하고 싶은 좋은 직장, 즉 Great Work Place(GWP)기업이 된다. GWP기업은 서로가 신뢰하고 자신

표> 기업가치, 조직문화, G.W.P

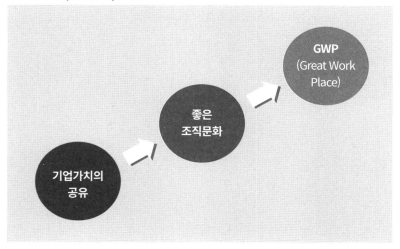

의 일에 자부심을 가지며 신바람 나게 자기가 하고 있는 일을 즐기는 훌륭한 일터를 말한다. GWP회사와 그렇지 않은 회사는 그 분위기뿐만 아니라 생산성에서도 극명한 차이를 보인다.

우리는 지금까지 기업가치의 정의 그리고 기업가치가 실제 우리 조직에 어떠한 영향을 미치는지를 살펴보았다. 기업가치 중심의 가치관 경영은 기업의 가장 내면에 위치한 집단적 의식을 근본부터 개선하며 다음과 같은 변화를 가져온다.

첫째, 개인의 업무 효율성을 높여준다. 둘째, 업무로 인한 스트레스와 긴장감을 완화시켜준다. 셋째, 기업에 대한 자부심을 높여준다. 넷째, 직원들의 충성도를 높여준다. 다섯째, 윤리적 행동을 장려한다. 여섯째, 팀워크를 강화해 근면과 배려의 규범을 제시해준다.

기업가치를 대하는 우리의 올바른 태도

• • •

좋은 기업가치를 수립하는 것도 중요하지만 그것을 만들고 실행하는 개인과 조직의 태도도 무엇보다 중요하다. 그럼 기업가치에 대해 개인은 어떠한 태도를 가져야 할까? '기업의 가치관이 곧 나의 가치관이라는 태도가 필요하다. 기업의 목표와 개인의 목표가 일치해야 주인의식을 갖게 되며, 기업의 성장이 곧 나의 성장이라는 생각으로 더 행복한 마음으로 근무할 수 있다. 그리고 기업의 가치관과 맞는 사람이 되기 위해 끊임없이 노력해야 한다.

아무리 훌륭한 사람이라도 기업의 비전을 이해하지 못하면 기업에 필요한 사람이 되지 못할 것이다. 기업의 가치관과 맞는 사람이 기업에서 인정받으면 결국 작업 능률이 높아져 승진에도 도움이 될 수 있다. 설령 기업의 가치가 나의 가치관과 다르더라도 기업의 가치를 최우선으로 해야 한다. 이는 기업에 속한 일원으로서 융합되는 것이 중요하기 때문이다.

그렇다면 조직은 기업가치에 대해 어떠한 태도를 가져야 할까? 기업가치의 설정이 기업의 성패에 직결되는 중요한 것이라는 생각을 가져야 한다. 기업가치란 조직 구성원들에게 적합한 목적을 설정해주는 것이기 때문에 비전, 미션, 핵심가치의 잘못된 설정은 경쟁력을 떨어뜨리게 된다. 이와 함께 조직 구성원의 다양성을 담을 수 있는 가치관을 만들어야 한다. 대다수의 구성원이 동의하지 않는 가치는 아무리 좋은 가치관이라도 실행력이 떨어지기 때문이다. 또한 올바른 기업가치의 설정은 조직원들의 행동으로 직결된다는 것을 알아야 한다.

조직 구성원들은 기업의 가치가 무엇인지에 따라 영향을 많이 받는 존재로, 기업은 잘못된 기업가치가 조직 구성원들의 부도덕한 행동으로 이어질 수 있다는 것을 명심해야 한다. 이뿐만 아니라 기업가치는 고객에게 고스란히 전달된다는 것을 인식해야 한다. 고객들은 기업의 가치관을 누구보다 잘 알고 있으며, 그 기업의 가치관이 올바르지 못하다면 즉시 떠나게 될 것이다.

고객에게 있어서 기업의 가치관은 큰 영향을 미친다. 오뚜기라면이 적절한 예이다. 오뚜기는 상속세를 정직하고 성실하게 납부하고, 4,242명(2016년까지 집계 결과)에게 심장병 어린이 치료비를 지원하고 있다. 이를 알게 된 소비자들은 가능하면 오뚜기라면을 구입한다.

여러분이라면 이런 상황에서 어떻게 대처하겠는가?

당신은 공정한 업무 수행과 상생 협력을 핵심가치로 둔 X업체 A기업 구매부서에 소속되어 있다. 최근 T용역 거래처 선정과 관련하여 고민이 많다. X업체는 지난 3년간 T용역 건에 모두 참가하여 회사의 브랜드 가치와 서비스 모델 개선에 큰 공헌도가 있는 회사이다. 이번 용역에서 마감시간 보다 5시간 늦게 제출했다.

당신은 지난 공헌도를 고려하여 입찰 참가업체들이 모르게 정식 제출한 것으로 승인되어 결국 우수한 결과로 X업체가 4년 연속 선정되었다.

그런데 참가업체 중 한 곳이 이를 알게 되어 입찰 평가 방식에 대한 이의를 공식적으로 제기한 상태로, X업체의 입찰 자격을 정지한 상태에서 용역업체를 재선정해 달라고 요구한 상태이다.

다음 중 하나를 선택해보고 선택한 이유를 말한 후 전문가의 의견을 확인해보자.

① X업체를 제외하고 나머지 참가업체 중 용역업체를 선정한다.
② 결정사항의 번복 없이 X업체로 선정 결과를 확정한다.
③ 현재의 결과를 모두 취소하고 재입찰 공고를 올린다.

전문가 의견

01. '공정한 업무 수행'이라는 핵심가치 관점에서 바람직한 결정이지만 제공받을 서비스 수준의 차이가 자사에 부정적인 영향을 끼칠 우려가 높다면 다른 방안을 강구해 보는 것이 필요하다.

02. '공정한 업무 수행'이라는 핵심가치 관점에서 이의 제기에 대한 아무런 소명 없이 선정 결과를 유지한다면 대외적인 신뢰도는 추락할 것이다.

03. 만약 X업체에 대한 페널티 없이 모두가 다시 참여하는 재입찰 공고를 올리는 것이라면 이 역시 바람직하지 않으며, 더 많은 의혹을 야기하게 될 수 있다.

07

직장예절

Workplace Etiquette _____

부하직원을 하인처럼 대하는 상사와, 상사에게 함부로 말하는 부하직원. 이들은 이렇게 말할지도 모른다. "일만 잘하면 되는 것 아닌가요?" 그러나 이들을 바라보는 기업의 시각은 다르다. 스펙과 개별적인 업무역량이 아무리 뛰어난 사람일지라도 기업은 이러한 직원에게 지속성 있는 조직 성과를 기대할 수 없게 된다. 나와 너, 그리고 우리로 구성되어 있는 조직에서 함께 시너지를 내지 못한다면 계속기업(going concern)의 가치 실현에서 점점 멀어질 수밖에 없기 때문이다. 개인의 시각에서도 마찬가지일 것이다. 이러한 사람이 동료 혹은 상사나 부하직원이라면 협업 자체가 부담이거나 심하면 업무 협조나 지원을 고려하지 않게 될 수도 있다. 설마 여러분도 "일만 잘하면 되는 것 아닌가요?"라고 말하고 있진 않은가?

직장에서 동료 간 예절은
잘 지켜지고 있는가?

　직장에서의 예절은 잘 지켜지고 있는가? 이 질문에 답할 수 있는 객관적인 조사 결과가 있다. 온라인 취업포털 '사람인'에서 직장인을 대상으로 한 설문조사 결과 전체 응답자의 84%가 '주위에서 직장 내 예절을 지키지 않아 불쾌했던 경험이 있다'고 답했다. 주로 어떤 부분에서 불쾌감이 조성되는지 조사했는데, 주요한 경험으로 공손한 언어를 사용하지 않는 경우, 남을 헐뜯거나 존중하지 않는 경우, 본인의 의견을 강요하는 경우 등이 있었다. 특히 직장에서 업무적인 부분보다 업무 외적인 예절 때문에 불쾌할 때가 더 많다고 응답했다. 10명 중 8명 이상이 그런 경험을 갖고 있는 것으로 보아 직장예절에 대해서 좀 더 성숙한 자세가 필요하다.

직장인으로서 갖추어야 할
직장예절의 기본은 무엇인가?

　직장인으로서 갖추어야 할 직장예절의 기본은 무엇일까? 요즘 직장인들을 만나면 후배들이 인사를 잘하지 않는다는 말을 자주 듣는다. 그만큼 예의 바르게 인사하는 직장인들이 적다는 뜻이다. 직장예절의 기본은 아는 척, 즉 인사이다. 기본 중에 기본인 인사는 개인적인 측면에서 동료들에게 좋은 인상을 심어줄 수 있고, 조직적인 측면에서는 원활한 업무 협력을 위한 분위기를 조성해준다. 인사는 지위 고하를 막론하고 꼭 기억해야 할 기본 예절이라는 것을 명심해야 한다.

예절은 선택? 필수?

●

예절이란 '사람이 반드시 지켜야 할 규범, 예의를 행동으로 옮기는 행위', 즉 인간관계에서 사회적 지위에 따라 행동을 규제하는 규칙과 관습의 체계를 의미하는 말이다.

'에티켓(Etiquette)'과 '매너(Manner)'라는 말을 많이 들어 보았을 것이다. 이 두 단어의 어원을 살펴보면, 먼저 '에티켓'의 어원은 벽 등에 붙인 쪽지를 의미하는 프랑스어 '에띠께트(Étiquette)'에서 유래되었다. 프랑스의 궁정에서는 쪽지에 궁정에 입장이 허용된 사람들이 지켜야 할 항목을 열거하였다. 이 풍습에서 궁정의 규범에 걸맞게 품위 있게 행동한다는 의미가 전이되었다. '매너'는 라틴어로 '손'을 뜻하고 우리의 행동이나 습관을 의미하는 '마누스(Manus)'와 방법 또는 방식을 의미하는 '아리우스(Arius)'의 합성어인 마누아리우스(Manuarius)로부터 유래한 것으로, 어떤 일이 되어가는 형국 즉 대처 방식을 뜻한다.

<에티켓과 매너>

노크를 예로 들어 에티켓과 매너를 살펴보면, 에티켓은 다른 사람의 방에 들어갈 때 노크를 하는 것과 같아서 사람과 사람 사이에 마땅히 지

표> 에티켓과 매너

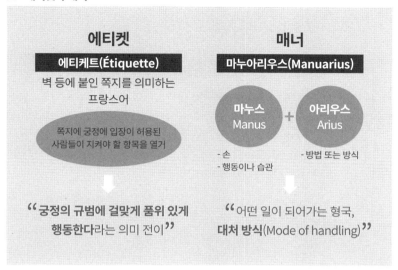

켜야 할 규범으로서 형식적인 측면이 강하다. 그런가 하면 매너는 다른 사람의 방에 들어갈 때 적당한 소리로 노크를 3번 하는 것과 같은 에티켓 형식을 나타내는 방식으로 방법적인 측면이 강하다.

  그렇다면 직장에서의 예절이란 무엇일까? 말 그대로 직장에서 수행되는 모든 행동규범을 총칭한 의미로, 직장의 목표를 달성하기 위해 직장 구성원이 갖추어야 할 예절을 의미한다. 이 외에도 직장인으로서 자기 관리뿐만 아니라 공동의 목표 성취를 위한 방향으로 이끌어나가는 것, 고객을 대하는 태도와 마음가짐, 직장인으로서의 예의를 갖추기 위한 노력과 활력 넘치고 발전하는 조직을 만들기 위한 자세와 마음가짐 등으로 정의될 수 있다.

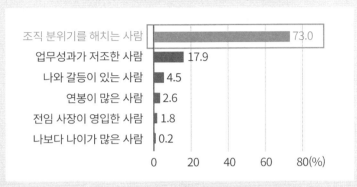

당신이 사장이라면 누구를 해고할 것인가?

조직 분위기를 해치는 사람	73.0
업무성과가 저조한 사람	17.9
나와 갈등이 있는 사람	4.5
연봉이 많은 사람	2.6
전임 사장이 영입한 사람	1.8
나보다 나이가 많은 사람	0.2

직장 규모별 해고 1, 2순위

(%) ■ 조직 분위기를 해치는 사람 ■ 업무성과가 저조한 사람

	소기업	중소기업	중견기업	대기업	공기업
조직 분위기를 해치는 사람	74.3	73.3	68.8	69.7	77.6
업무성과가 저조한 사람	16.7	17.2	20.3	18.9	19.6

**❝한국 사회는 업무성과보다
조직 전체의 분위기를 중요시 여기는 문화❞**

출처 : 2016 대한민국 직장인 보고서, NH투자증권 100세시대연구소

싸가지가 있어야 성공한다

<직장예절의 중요성>

그렇다면 직장예절은 왜 중요할까?

그 중요성을 논하기 전에 직장이란 어떤 곳인지를 알아야 한다. 직장은 다양한 사람들로 구성된 조직으로 출생, 성장, 성별, 가정환경, 특기, 가치관 등이 다른 사람들이 모여 기업의 목표를 달성하기 위해 일하는 곳이다. 또한 각자 부여된 임무를 수행하기 위해 서열관계가 있으며 고유한 규범이 존재하고 있다. 직장에서의 예절이란 법이나 집단에 의해 강제되는 행동 규칙이 아니므로 강제되지는 않으나, 다양한 사람들이 직장 고유의 규범을 지키고 동료들과 협력해서 기업의 공동의 목표와 만족스러운 인간관계를 영위하기 위해 반드시 갖추어야 하는 것이다. 따라서 이것이 지켜지지 않을 경우 다른 구성원들로부터 소외당할 수밖에 없다.

NH투자증권 100세시대연구소에서 발간한 '2016 대한민국 직장인 보고서'에서는 '당신이 사장이라면 누구를 해고할 것인가?'라는 물음에 '조직문화를 해치는 사람'이라는 답변이 전체 응답자 중 73.0%라는 압도적인 결과가 나왔다고 밝히고 있다. 이 수치는 소기업, 대기업, 공기업에 상관없이 압도적인 수치이다.

조직의 분위기를 해치는 사람을 해고하겠다는 응답이 업무성과가 나쁜 사람을 해고하겠다는 응답보다 압도적으로 많은 것을 볼 때 한국 사회는 업무성과보다 조직 전체의 분위기를 중요시하는 문화가 직종을 가리지 않고 전반적으로 퍼져 있음을 알 수 있다.

또한 '가장 만나기 싫은 부하직원은?'에 대한 물음에 1위가 '근태가 불량한 직원', 2위로 '예의 없는 직원'이 비슷한 비율로 꼽혔다. 이와 같이 직장예절은 조직 분위기를 구성하는 중요한 요인으로 작용하며, 조직 분위기는 조직 성과에도 영향을 미치기 때문에 더욱 주의 깊게 관심을 가져야 한다.

직장생활의 기본 예절❶ 사고

••

우리가 지켜야 할 직장예절에는 어떤 것들이 있을까? 직장예절의 범위는 우리의 사고, 언어, 행동을 모두 아우른다. 유형별로 갖추어야 할 직장예절을 살펴보자.

직장예절 중 처음으로 살펴볼 부분은 '사고'이다. 사고란 '마음속에 가지고 있는 말을 겉으로 표현하는 것으로 과업을 대하는 가치관'을 말한다. 직업에는 귀천이 없으며 일을 단순히 돈을 벌기 위한 수단이 아닌 자아실현의 통로로 여기는 마음가짐이 필요하다.

다음은 '차이'에 대한 마음가짐으로, 사람은 누구나 똑같이 고귀한 가치를 가지고 있다고 생각해야 한다. 상사와 부하직원의 관계에서 상사는 부하직원을 존중하는 마음을 갖고 부하직원은 상사를 존경하는 마음을 가져야 한다. 남성과 여성의 관계에서는 같은 성과에 대해 남녀 차이로 차별된 보상을 받는 현상에 대해 문제의식을 가져야 한다. 나라의 빈

부 차이와 상관없이 개인의 능력과 가치는 동등하다는 마음가짐이 필요하다. 또한 발주사와 용역사의 사이에서는 갑을의 관계가 아닌 협력자와 파트너라고 생각해야 한다.

직장예절과 관련하여 3가지 사고의 원칙을 기억해야 한다. 원칙1, 나보다 상대방의 입장을 이해하고 존중하며 주위 사람들에게 불쾌감을 주지 않도록 행동해야 한다. 원칙2, 약속은 반드시 지켜야 한다. 아무리 사소한 일이라도 약속을 했다면 중요한 일로 인식하고 꼭 실행해야 한다. 원칙3, 능률을 생각해야 한다.

한편 버려야 할 부적절한 4가지 마음가짐이 있다. 나에게 직접적인 영향이 없으면 된다는 식의 무사안일한 자세, 회사의 구성원으로서 긍지는 갖지 않으면서 개인의 일에만 집착하는 이기주의, 다른 부서의 일에는

표> 직장예절의 3가지 사고의 원칙

원칙1	나보다 상대방의 입장을 이해하고 존중하며 주위 사람들에게 불쾌감을 주지 않도록 행동해야 함
원칙2	아무리 사소한 일이라도 약속을 했다면 중요한 일로 인식하고, 꼭 실행해야 함
원칙3	능률을 생각해야 함

배타적이고 지시받은 일 이외에는 관심을 두지 않는 적당주의, 장기적인 효과보다는 단기 실적에만 급급하고 전체의 효율보다는 나의 실적에만 관심을 두는 편협한 자세 등이다.

직장생활의 기본 예절❷ 언어

• • •

직장에서 지켜야 할 두 번째 예절은 '언어'이다. 말은 의사소통의 수단이고 사회생활을 하려면 의사소통이 되어야 한다. 특히 경어법이 발달한 우리나라는 언어와 관련된 예절을 지키는 것이 중요하다.

미국 조지타운대 경영대학원의 포러스 교수는 최근 20년 이상 17개 업종을 대상으로 직장 상사의 무례한 언행 여부를 조사했다. 이 과정에서 일주일에 한 번 이상 무례한 언행을 접했다고 밝힌 응답자의 비율은 1998년 25%에서 2011년에는 50%로 두 배 증가한 것을 확인할 수 있었다.

또한 직장인들이 이런 상황에 맞닥뜨리면 소극적으로 변해 협업과 아이디어 공유를 중단하게 되고 실수가 잦아진다는 것을 확인했다. 결론적으로 직장 상사의 무례한 언행은 직원에게 스트레스가 되며 이는 창의적인 아이디어를 앗아가고 기업 경쟁력 하락으로까지 연결된다는 것이다.

우리는 언어와 관련하여 어떠한 예절을 갖추어야 할까?

먼저 조직 내에서 사용하는 호칭을 정확히 하는 것이 중요하다. 대다

수 일반 기업은 직급이나 직책을 이름 뒤에 붙여 사용하지만 기업마다 정해진 호칭이 다른 경우도 있다.

삼성전자와 인터파크의 경우 이름 뒤에 '~님'을 붙여 사용하고 포스코와 SK의 경우 공통 호칭으로 '매니저'라고 부른다. 카카오그룹의 경우 영어 이름을 사용하는 등 조직의 문화에 따라 그에 맞춰 정해진 호칭을 사용해야 한다.

다음으로 상황에 따른 경어 사용이 필요한데, 우선 경어란 상대에게 경의를 표하기 위하여 쓰는 언어이다. 나이가 적은 사람이 나이가 많은 사람에게, 직급이 낮은 사람이 직급이 높은 사람에게 경어 사용이 필요하다.

세 번째로 비속어를 사용하면 안 된다. 여기에는 감정적인 모욕을 주는 폭언 및 욕설, 성적인 수치심을 주는 성희롱적 발언 등이 포함된다.

마지막으로 무엇보다 중요한 것이 경청이다. 말을 할 때에는 귀뿐만 아니라 표정, 눈빛, 몸으로도 듣는 자세가 필요하며 공손한 자세와 평온한 표정으로 들어야 한다. 그리고 상대에게 확실한 반응을 보여주는 것이 좋다. 대화 중에 의문이 있으면 끼어들지 않고 끝에 가서 물어보고 양해를 구한 후 질문 및 다른 의견을 제시해야 한다. 그리고 대화 중에 자리를 뜰 때에도 양해를 구해야 한다.

직장생활의 기본 예절❸ 행동

● ● ● ●

이번에는 행동에 있어서 기본 예절을 살펴보자. 몸가짐은 자기 관리뿐만 아니라 직장 동료와의 관계를 좋게 유지하게 해주는 것이다. 온라인 취업포털 '사람인'은 후배 직원이 있는 직장인 1,382명을 대상으로 직장 내 최악의 후배 유형에 대한 설문을 실시했다. 조사 결과 '무지하고 매너 없는 유형'이 1위로 뽑혔으며 아부형, 백치형, 허세형, 나잘난형, 결정장애형, 태도불량형, 금수저형 등이 그 뒤를 이었다. 1위 유형뿐만 아니라 아부형, 허세형, 나잘난형, 태도불량형도 예절과 관련된 부분으로 이를 모두 포함할 경우 75%가 넘는다.

반대로 가장 함께 일하고 싶은 후배 유형에 '예의가 바르고 착한 성품을 가진 유형'이 30.2%를 차지해 1순위로 뽑혔다. 그만큼 예의 바른 행동이 조직 내에서 중요하다는 것을 알 수 있는 사례이다.

그럼 우리는 어떤 직장예절을 갖추어야 할까?

우선 근태, 즉 출근은 근무시간 10분 전에 하고 지각을 하게 되면 사유와 상관없이 꼭 직장에 연락해야 한다. 외출 시에는 목적지나 소요시간 같은 정보를 직장 상사에게 반드시 보고하는 것이 필요하다. 업무와 관련해서는 상사에게 보고할 일이 있으면 보고 후 퇴근해야 하고, 보고된 시간보다 업무시간이 예상보다 길어질 경우 반드시 중간보고를 해야 한다. 근무시간이 끝나면 정리정돈을 하고 가며, 회사의 규정을 준수하고 단정하며 예의 바른 업무 태도를 가져야 한다. 업무시간 중에는 개인적인 전화나 잡담을 삼가야 하며, 점심시간은 정해진 시간을 넘기지 않는 것이 좋다. 되도록 오랜 시간 자리를 비우지 말아야 한다.

마지막으로 자세와 관련해서 보기 좋지 않게 몸을 흔들거나 다리를 과하게 떠는 것은 좋지 않다. 인사를 할 때는 머리만 숙이지 말고 고개도 숙여서 인사하는 것이 좋다. 복장은 회사의 복장 규정을 준수하며, 책상에 엎드려 있거나 턱을 괴고 있는 자세 또는 의자에 다리를 쭉 뻗고 누운 것처럼 앉는 자세는 삼가야 한다.

무엇이든 과하거나 미흡한 것은 좋지 않다. 직장예절에서도 마찬가지이다. 이와 관련된 2가지 사례를 보자. 첫 번째는 직장예절이 과한 경우로, 화장실에서 상사를 만난 신입사원이 상사를 향해 몸을 90도로 숙이며 큰소리로 인사를 했다. 상사는 얼마나 민망할까? 직장생활에서 가장 중요한 예의이지만 화장실에서는 가볍게 목례만 해도 괜찮다. 반대로 직장예절이 미흡한 경우로, 업무가 바쁜 것은 이해하지만 상사의 업무 지시가 있을 때 컴퓨터 모니터만 응시하면서 알겠다고 말하는 것은 바람직하지 않다. '일이 바빠 그런 것이니 이해해주겠지'라고 생각할 수도 있겠지만 업무

를 전달받았고 이해를 했다는 표현을 하는 자세가 필요하다. 사소하게 넘겨버린 작은 일이 큰 갈등으로 이어질 수 있으니 주의해야 한다.

이제 바른 인사 방법을 알아보자. 우선 밝고 부드러운 표정으로 상대의 눈을 바라보며 바른 자세로 인사한다. TOP, 곧 시간(Time)과 상황(Occasion), 장소(Place)에 맞는 인사말을 건네고 머리, 등, 허리가 일직선이 되도록 상체를 숙여 인사한다. 인사의 마무리는 똑바로 서며 다시 상대의 눈을 보면 된다.

예절은 직장인의 경쟁력

• • • • •

지금까지 살펴본 직장예절은 개인의 문제처럼 보이지만 궁극적으로 조직 전체의 문제로 연결된다. 그럼 직장예절이 개인과 조직에 미치는 파급 효과에는 어떤 것이 있을까?

직장예절을 갖추면 개인 차원에서는 원만한 인간관계로 직장생활 스트레스가 줄어들고 직장 상사와 긍정적인 관계를 형성할 수 있다. 또한 나의 밝은 모습은 직장 동료들에게도 영향을 미쳐 과업 분위기를 좋게 만들고 직장 동료들에게 미움을 받지 않아 협력이 수월해진다.

이것이 발전하여 조직 차원에서는 이직률이 낮아지기 때문에 인력 채용 비용이 절감되고, 조직의 긍정적인 분위기는 좋은 아이디어로 이어질 확률이 높다. 조직 구성원들의 밝은 모습은 회사의 대외적 이미지에 긍정적인 영향을 미치며, 서로 존중하는 문화는 좋은 이미지로 남아 우수한 인재들이 많이 지원하게 된다. 그뿐만 아니라 직원들의 의욕과 애사심이 높아져 매출액에 긍정적인 영향을 미치고 근로의욕을 고취시켜 생산성 향상에도 기여하게 된다.

표> 비즈니스 이메일 작성 에티켓

1) 혹시 당신이 다니고 있는 회사의 규격화된 이메일 양식이 있는가?

비즈니스 이메일을 작성하기 위해서는 규격화된 이메일 양식이 있는 것이 훨씬 더 효율적이고 메일 커뮤니케이션의 실수를 최소화할 수 있다. 그러기 위해서는 자신만의 이메일 양식을 정해야 하는데, 그 전에 먼저 확인해야 할 것이 각자가 다니고 있는 회사의 규격화된 양식이다. 있다면 회사에서 지정한 양식으로 이메일을 작성하면 된다. 만약 없다면 통상적으로 쓰이는 비즈니스 이메일 양식을 찾아 자신의 업무 직종에 따라 규격화해서 작성하면 된다.

2) 메일 제목 = 나의 첫인상 혹은 나를 대표한다.

비즈니스 메일에서 제일 중요한 것은 메일 제목이다. 메일 제목은 상대방에게 나의 첫인상 혹은 나를 대표한다고 생각한다. 메일 제목을 이상하게 쓰면 받는 사람이 '아… 이 사람, 일을 잘 못하는구나!'라는 생각도 들기 때문이다. 비즈니스 이메일 제목 작성법은 간단하다. 보내는 업무 주제를 명확하고 간결하게 제목으로 쓰는 것이다.

제목	[회사명 혹은 소속명] 메일 전체 내용을 파악할 수 있는 업무 주제 (ex: 마케팅팀 주간회의 보고서 결과입니다)

업무 주제로 메일 제목을 할 경우 나중에 필요에 의해 검색할 때에도 쉽게 찾을 수 있기 때문에 추천한다.

메일 본문 작성 에티켓	
서론	상호 간 처음 메일을 주고받는 경우라면 간단한 인사말과 함께 전체적인 개요를 1~2문장으로 시작한다.
본론	구체적 안건에 대해 번호를 매기며 전달한다. 내용이 본론을 통해 다 전달되었으면, 본론의 마무리로 안건 사항에 대해 서로 간 처리해야 할 일을 다시 한 번 언급한다.
결론	마무리 인사말과 함께 예기치 못한 상황 대비를 위한 비상연락망을 표시한다. +송신자 이름, 회사명, 주소, 전화번호, 팩스번호, 회사 url

3) 받는 사람(수신), 참조(CC), 숨은 참조(BCC) 잘 구분하기

- **받는 사람** : 이메일의 용건과 직접적으로 연관이 있는 사람의 주소를 적는 곳. 나와 직접 일하는 사람에게 보내는 다이렉트 라인을 의미한다.
- **참조(CC)** : 이메일의 용건과 간접적으로 연관이 있는 사람의 주소를 적는 곳. 일을 직접 같이 하는 당사자는 아니지만 업무가 진행되는 상황을 알아야 하는 관계자들을 주로 추가한다. 자신이 하는 업무는 반드시 관련자들과 CC를 걸어 업무 진행 과정을 공유해야 한다.
- **숨은 참조(BCC)** : 메일 관련 업무 혹은 프로젝트에 있어서 최고 담당자에게 보고할 때 혹은 불특정 다수에게 이메일을 보낼 때 이용하는 기능이다. 숨은 참조로 이메일을 보내면 발신자에게만 메일 주소가 노출되기 때문이다.

여러분이라면 이런 상황에서 어떻게 대처하겠는가?

당신은 기업영업3팀의 팀장이다. 기업영업3팀은 김 대리의 갑작스러운 퇴사로 인해 발생한 팀 내 업무 공백을 막기 위해 T/O가 한 명씩 더 있는 기업영업1팀과 2팀 중에서 한 명을 데리고 와야 한다.

기업영업1팀에서는 성과가 뛰어나지만 직장예절이 다소 좋지 못한 박 대리를 추천하였고, 기업영업2팀은 성과는 보통이지만 '매너 조'라고 불리는 조 대리를 추천하였다. 참고로 기업영업3팀은 지금 당장 업무 손실이 발생할 정도는 아니며 인원 충원은 다른 팀과 인원 밸런스 유지 차원의 인력 조정 상황이다. 여러분이라면 이런 상황에서 어떻게 행동하겠는가?

다음 중 하나를 선택해보고 선택한 이유를 말한 후 전문가의 의견을 확인해보자.
① 성과가 뛰어나지만 직장예절이 다소 좋지 못한 박 대리를 선택
② 성과는 보통이지만 '매너 조'라고 불리는 조 대리를 선택
③ 직장예절과 업무능력을 모두 갖춘 사람을 조직에 요구

전문가 의견

01. 단기적으로 팀 성과를 증대시킬 수 있으나 장기적으로는 팀 분위기가 나빠져 팀 성과를 저해할 수 있으므로, 팀 이동 후 박 대리에 대한 직장예절 교육이 강하게 이루어질 필요가 있다.
02. 팀 분위기는 좋아질 수 있겠지만 단기적인 팀 성과 증대를 기대하기에는 어려움이 있으므로 조 대리의 업무 능력을 증대시키기 위한 육성 방안을 준비하는 것이 바람직하다.
03. 이 요구가 수용될 경우 기업영업3팀은 확실하게 최우수 팀이 되기 위한 조건을 갖추겠지만 해당 팀과는 동지가 아닌 적으로 대면하게 될 수 있다.

智

08

소통 1

Communication

직장에서 모든 일은 소통을 통해 이루어지며, 소통 과정에 오해가 생기면 사소한 문제부터 큰 문제까지 발생시켜 일을 그르칠 수 있게 된다. 소통의 오해로 인한 조직 내 불통은 공감의 부재와 동료들 간 신뢰를 무너뜨리는 근원이 되며, 이는 직장 내 인간관계의 붕괴로 이어져 원활한 업무 수행을 불가능하게 만든다.

실제로 직장인들의 스트레스 주요 원인에 대한 설문조사 결과 '상사·동료와의 대인관계'라고 답한 응답자가 절반을 넘는다는 것은 조직 내 인간관계에 대한 불편함을 여실히 보여준다. 인간관계를 멀어지게 하는 행동으로는 변명만 늘어놓는 경우, 부하직원을 닦달하는 경우, 계속 의심하는 경우, 원칙은 없고 일에 대한 욕심만 갖고 있는 경우, 논리보다 감정이 앞서는 경우, 독단적으로 진행하는 경우 등이 있었다. 우리가 바람직한 인간관계를 형성하고 인간관계의 품격을 높이기 위해서는 상대방을 이해하는 바탕 위에서 끊임없이 서로 소통하려는 자세가 필요하다. 그럼 서로를 이해하고 신뢰를 형성할 수 있는 소통 방법은 무엇이 있을까?

어떤 상황에서
소통의 어려움이 있는가?

직장 내에서의 소통 수준이 어느 정도인지를 아는 것이 중요하다. 동료나 상사와의 커뮤니케이션은 잘 이뤄지는 편인가? 취업포털 잡코리아가 직장 내 커뮤니케이션에 대한 설문조사를 실시한 적이 있다. 그 설문에서 직장인의 92.1%가 직장 내 커뮤니케이션에 어려움을 겪은 적이 있다고 답했다. 92.1%면 상당히 높은 수치이다. 주로 어떤 상황에서 소통이 어려움을 겪고 있는지 그 내용을 구체적으로 살펴보면, '상사와 나의 의견이 다를 때'가 1위를 차지하였으며, '다른 팀과 업무를 진행할 때'가 2위로, '메일로 업무를 처리할 때'가 3위로 나타났다.

그런데 문제는 직장인들이 직장 내 커뮤니케이션이 원활하지 않다는 것을 알면서도 정작 자신의 의견을 잘 말하지 않는 경우가 56.9%나 차지한다는 것이다. 왜 그런 것일까? 1위는 '어차피 들어주지 않을 것이라는 생각 때문'이라고 답했고, 2위는 '수직적인 조직문화 때문'이라고 답했다. '말실수를 하게 될까 봐'라고 말하는 사람도 있었다. 이처럼 일상적인 업무 상황에서의 커뮤니케이션 어려움이 의사표현의 두려움과 연계되어 나타나고 있다. 우리 조직 내에서의 소통 현실에 대해 다시 한 번 생각을 해봐야 될 듯하다.

소통문화가 정착된 기업은
어떤 점이 좋은가?

그렇다면 소통문화가 정착된 기업은 어떤 점이 좋을까? 소통문화가 정착된 기업은 구성원 간에 커뮤니케이션의 장애가 적게 발생하고 구성원 간 협력의 질이 높다. 소통문화가 잘 정착된 기업을 하나 소개한다.

스타벅스(Starbucks)에는 '스킵-레벨 미팅(Skip-Level Meeting)'이라는 것이 있는데 눈여겨볼 만하다. 스킵-레벨 미팅은 상사를 배제한 미팅이다. 스타벅스의 CEO는 매장을 방문할 때마다 호텔을 빌려 해당 매장의 매니저를 제외한 직원들과 스킵-레벨 미팅을 가진다. 매니저가 주는 부담감에서 벗어나 직원들에게 자신의 생각을 충분히 토론할 수 있는 기회를 주는 것이다.

이 자유로운 토론을 통해 최선의 결정이 도출되면 직원들은 스스로가 내린 결정에 대해 책임의식을 갖고 실행에 협조한다고 동의한다. 조직 계층에 따른 제약 없이 자신의 의견을 자유롭게 개진하고 그 과정에서 결정된 사항에 대해서는 최고 높은 실행력을 보이는 도구가 되는 것이다.

우리나라 기업에서는 눈치 보기가 직장문화로 자리 잡은 경향이 있는데, 그런 의미에서 한 번쯤 시도해 볼 만한 제도라고 생각한다. 실제 스타벅스는 이런 자율적인 토론과 소통문화의 정착으로 각 구성원이 책임의식을 갖고 실행에 협조하여 최대의 성과를 내고 있다.

조직 내에서 소통이 잘 이루어지는가가 조직의 문화와 성과에 큰 영향을 미친다는 것을 알 수 있는 사례이다. 그렇다면 여러분이 속한 조직의 소통문화는 어떠한가?

커뮤니케이션과 소통

●

우리가 흔히 사용하는 '커뮤니케이션'이라는 말은 '공통되다' 혹은 '공유하다'라는 뜻의 라틴어 Communis에서 유래된 것이다. 언어 몸짓이나 문서 등 상징을 통해 정보, 의견, 감정을 전달, 수신, 해석하는 과정을 이야기한다. 이 외에도 커뮤니케이션에 대해서는 다양한 정의들이 존재하는데, 반런드(Banlund)는 '기호, 언어, 그림, 도형, 도표 등을 사용하여 정보나 사상 등을 전달하는 행위나 과정'이라고 정의하였다.

홉랜드 제니스 & 켈리(Hobland. Janis and Kelley)는 '한 개인이 다른 사람들(수용자)의 행동을 변화시키기 위하여 주로 언어적인 자극을 전달하는 과정'이라고 정의하였다. 셰논(Shannon)과 위버(Weaver)는 커뮤니케이션을 '하나의 마음이 다른 마음에 영향을 미치는 모든 과정'으로, 루벤(Ruben)과 스튜어트(Stewart)는 '관계, 집단, 조직 그리고 사회 속의 개인들이 환경과 서로에게 적응하기 위해 메시지를 창출하고 메시지에 반응하는 과정'이라고 정의하고 있다. 그렇다면 커뮤니케이션과 함께 많이 사용하는 '소통'이란 무엇일까? 소통은 말 그대로 '막히지 않고 잘 통함' 혹은 '뜻이 서로 통하여 오해가 없음'을 의미한다.

소통과 커뮤니케이션의 차이점은 무엇일까? 오늘날 사람들은 다양한 커뮤니케이션 수단들을 가지고 있음에도 불구하고 불통의 시대라고 이야기한다. 그렇다면 소통은 정보를 전달하는 것만으로 부족하다는 것을 알 수 있다. 즉, 커뮤니케이션과 소통의 가장 큰 차이는 '자신의 의사 반영 여부'라고 볼 수 있다.

우리는 조직 내에서 이런 대화를 자주 주고받는다. '김 대리 내 말이 무슨 말인지 알겠지? 예, 팀장님. 무슨 말씀인지 알겠습니다.' 그러나 나중에 확인해보면 팀장과 김 대리는 서로 다르게 이해하고 있는 경우가 많다. 커뮤니케이션은 되었지만 소통은 이루어지지 않은 것이다. 내가 아무리 정확하게 전달해도 상대방이 다르게 알아들으면 무용지물이 된다.

<직장에서 소통의 중요성>

그럼 직장에서 소통은 얼마나 중요한 것일까? 취업포털 잡코리아에서 직장인 788명을 대상으로 '타인에게 존경을 받기 위해 갖추어야 할 덕목'에 대해 설문조사를 실시했다. 그 결과 공감, 소통능력이 1위를 차지하였으며 결단력, 신뢰도, 겸손 등이 그 뒤를 이었다.

이렇게 조직 내에서 소통이 중요할 수밖에 없는 이유는 소통이 가진 가치에서 찾아볼 수 있다.

소통이 가진 첫 번째 가치는, 소통은 사람의 마음을 얻는 수단이라는 점이다. 사람의 마음을 얻지 못하고는 관리도 사업도 제대로 될 수 없기 때문이다. 그리고 소통을 통해 갈등이 해소되고 이해가 증진되어 관계가 강화될 수 있다.

갈등은 서로의 입장, 견해, 이해관계가 달라서 일어나는 불화나 충돌로, 이 복잡한 상황을 시원하게 풀어내는 것이 다름 아닌 소통이다. 또한 소통을 통하여 역량이 강화될 수 있다. 소통이 잘되어 구성원들이 품고 있는 마음과 뜻이 서로 잘 맞아 하나가 되면 바람직한 업무성과를 도출할 수 있다.

두 번째 소통의 가치로는 리더십을 극대화시켜준다는 것이다. 팔로워들과 통한다는 것은 그들을 조직의 목표로 끌어들인다는 의미이다. 소통은 일하고 싶은 직장문화를 형성할 수 있다. 나의 가치가 통하고 주위 사람들과 통할 수 있는 환경이라면 설령 업무환경이 만족스럽지 않더라도 일하고 싶은 장소로 인식될 수 있다.

다음으로 소통은 성과를 창출함으로써 공동의 목표를 달성하게 해준다. 소통이 원활해지면 구성원들이 협력하게 되고 개개인이 가진 창의력은 배가되면서 점점 더 완성된 형태를 띠게 된다.

도산 안창호 선생은 소통과 관련하여 이런 말을 남겼다. "내게 옳음이 있으면 남에게도 옳음이 있음을 인정하라. 남의 의견이 나와 다르다 해서 그를 미워하는 편협한 일을 하지 아니하면 세상에는 화평이 있을 것이다."

그리고 빌 게이츠는 "앞으로 기업의 성패는 커뮤니케이션 갈등을 얼마나 줄이느냐에 달려 있다."라고 말했다.

여러분의 소통은 어떠한가?

소통과 인간관계의 연관성

●●

소통과 관련하여 빠질 수 없는 것이 인간관계이다. 인간관계란 '둘 이상의 사람이 빚어내는 개인적이고 정서적인 관계'를 말한다. 인간의 삶의 본질인 소통은 인간관계의 결과로 구체화된다.

소통이 인간관계에 미치는 영향을 구체적으로 살펴보면, 소통이 잘되면 전달자와 수신자 간 의미가 왜곡될 가능성이 줄어들어 원만한 인간관계를 유지하게 된다. 조직 구성원들이 말하고자 하는 핵심 내용을 명확하게 전달할 수 있어 구성원 간의 관계 유지에 불편한 점이나 애로사항을 해결할 수 있다. 또한 가치관의 차이가 있는 구성원들 간에 절충점을 찾아낼 수 있고, 고객과의 단순한 거래관계가 아닌 고객이 원하는 욕구나 서비스를 찾아내어 한 차원 높은 관계를 유지할 수 있게 된다.

이처럼 소통 없는 인간관계란 존재하지 않을 뿐더러 한번 형성된 인간관계를 유지하고 발전시키는 과정에서도 소통의 역할은 절대적이다. 소통은 인간 정체성과 다른 사람과의 관계 맺기, 나아가 공동체와 문화를 규정하는 탁월한 능력을 가지고 있다.

<소통의 3요소>

그럼 소통은 어떻게 이루어질까? 소통의 3가지 요소는 '공감, 자기주장, 존중'이다.

첫째, 공감이란 '상대방의 심리적 상태를 그 사람의 입장이 되어 느낌으로써 지각하는 방식'으로, 문자적인 의미로는 다른 사람에게 감정을 이입한다는 뜻이다. 즉, 공감을 한다는 것은 자신의 주관만으로 모든 것을 이해하려고 하기보다는 상대방의 눈높이에 맞추어서 이해하려는 태도를 말한다.

공감의 예를 보자. 사무실에서 근무하는 박 과장과 생산 현장관리 업무를 담당하는 김 과장은 입사동기이다. 김 과장은 이번 여름 생산 물량이 많아 휴일에도 근무를 하고 있어 직원들이 고생하고 있다고 이야기하며 현장의 노고를 이야기하였다. 박 과장 또한 휴일 근무를 계속적으로 하였으나 휴일 근무로 인정받지 못해 보상 없이 근무하는 것이 다반사였다. 그러나 박 과장은 현장의 상황을 충분히 알고 있기에 이를 공감하여 이야기를 진행하였다. 그로 인해서 김 과장은 현장 상황을 이해해주는 박 과장에 대한 신뢰가 더욱 쌓이는 계기가 되었다.

둘째, 자기주장이란 '자기의 의견이나 생각을 당당하고 자신 있게 주장하는 일'을 의미한다. 소통은 나와 상대가 함께하는 행위이므로 자기주장이 더해져야만 올바른 소통이라 할 수 있다.

자기주장의 예를 보면, 총무팀에서 근무하는 장 과장과 주 대리는 매일 점심을 같이 먹는 사이이다. 점심시간이 다가오자 장 과장은 오늘 스파게티를 먹는 것이 어떠냐고 물었다. 장 과장이 스파게티를 좋아한다는 것을 알았지만 스파게티를 먹으면 속이 너무 좋지 않을 것 같아 주 대리는 솔직하게 어제 과음한 이야기를 하고 국물 있는 음식을 먹었으면 한다고 말했다. 장 과장은 주 대리의 사정을 이해하고 스파게티는 내일 먹고 오늘은 국물 있는 음식을 먹기로 하였다. 지극히 사적이고 일상적인 사례이지만 우리는 이러한 작은 것에서부터 자기주장을 명확히 할 필요가 있다. 그래야 자신의 생각이 전달되고 그로 인해 소통이 될 수 있는 것이다.

셋째, 존중이란 '상대의 인격과 성품에 상관없이 그를 공손히 대하는 태도'를 의미한다. 자기주장을 하다 보면 조율이 필요한 상황이 오기 마련이다. 그럴 때 너무 자기 자신의 생각과 감정만 밀어붙이면 인간관계는 전혀 조율되지 않는다.

존중의 예를 살펴보자. 전략기획팀의 박 부장은 내년 마케팅 전략에 대한 내부 결정에서 A, B, C, D안 중 A안으로 선택이 바람직하다고 판단하고 이에 대한 회의를 마치고자 하였다. 그런데 팀의 막내인 윤 대리가 A안보다 B안이 더 좋은 것 같다며 이견을 제시했다. 이직한 지 3개월 된 윤 대리의 행동에 다른 팀원들은 핀잔을 주었으나 윤 대리가 더 좋은 안을 제시할 수도 있다고 생각한 박 부장은 발언권을 주었다. 물론 전략 안이 바뀌지는 않았으나 박 부장은 현상을 바라보는 윤 대리의 새로운 통찰력을 인정하는 계기가 되었다.

올바른 소통을 위해서는 상대의 눈높이에 맞춰서 이해하고 듣는 연습이 필요하다. 또 자신의 생각을 올바르게 이야기할 수 있어야 하고, 상대를 존중함으로써 관계의 완급을 조절할 수 있도록 노력해야 한다.

소통을 가로막는 태도

• • •

취업포털 잡코리아가 직장인 1,668명을 대상으로 직장인과 메신저에 관한 설문을 조사하였다. 조사 결과 응답자의 69.2%가 업무시간 이외에도 메신저로 업무 지시를 받는다고 답했다. 여러분도 이런 경험이 있을 것이다. 그렇다면 혹시 업무시간 이외에도 메신저로 업무 지시를 하는 것을 소통이라고 생각하는가? 소통은 상호적인 것이기 때문에 소통에 대한 만족감 역시 일방적으로 단정 지을 수 없다. 자신의 입장에서 아무리 만족감이 높아도 상대가 그렇게 느끼지 않으면 올바른 소통이라고 볼 수 없다는 것이다. 그럼 통하는 조직을 만들기 위해 주의해야 할 '소통을 가로막는 태도'에 대해 살펴보자.

첫째, 냉소적인 태도이다. 부정적이고 냉소적인 반응은 말하는 사람의 소통하고자 하는 의지를 약화시킨다. 간혹 냉소적이고 비판적인 태도를 나타내는 것이 지적인 능력을 반영한다고 여겨 상대방의 의견을 비판하고 자신의 권위와 지적 우월성을 드러내려는 경우도 있는데 이러한 태도는 상대방의 기를 꺾고 열의를 저하시키게 된다.

둘째, 세부적인 것에 집착하는 태도이다. 업무의 전반적인 흐름을 놓치고 세부 상황에 집착해 적절한 균형을 잃게 되면 부드러운 소통의 흐름도 막힐 수 있다. 유연함이 결여된 세부 상황에 대한 지나친집착은 완벽함에 대한 추구와 관련이 있다. 나쁜 것은 아니지만 합리성과 객관성을 갖고 있는지 되돌아봐야 한다. 그렇지 않을 경우 상대방은 콘크리트 벽을 마주한 것과 같은 답답함을 느끼게 되며 유쾌하지 않은 경험으로 기억에 남을 것이다.

셋째, 방어적인 태도이다. 내가 틀리지 않았다거나 정당하다고 증명하기 위해서 본인 생각에만 몰두하다 보면 상대방의 의견에 귀를 기울이지 못하고 일방적으로 자신의 이야기만 하는 상황을 만들게 된다. 만약 자신의 권위를 잃을 수 있다는 염려 때문에 부족하고 모자란 부분을 솔직하게 인정하지 않는다면 바람직한 결과를 이끌어내기 어려워진다.

과시하는 태도 또한 주의해야 한다. 관심을 받고 인정을 받으려는 욕구가 지나치면 상호 소통에 관심을 두는 것이 아닌 자신의 우월함을 과시하는 데 몰두하게 될 수 있다. 이는 상대방의 이야기를 듣지 않고 존중하지 못하는 태도로 비쳐 오히려 인정을 받지 못하고 호감을 떨어뜨린다.

반대로 모호하고 우유부단한 태도는 소통을 가로막는다. 상대방의 마음을 알아주고 맞춰가는 것만큼 자신의 의견을 분명하게 표현하고 전달하려는 노력이 수반되어야 일방적이지 않은 양방향 교류가 일어날 수 있다. 모호한 태도는 신중하고 겸손한 미덕이 될 수 있겠으나 그러한 태도가 반복된다면 업무에 대한 역량이나 역할에 대한 책임감을 의심받을 수 있다.

넷째, 통제하려는 태도이다. 본인의 신념이 뚜렷해 상대방을 설득하려는 의지가 강할 때, 혹은 상대방에 대한 관심이나 도움을 주려는 의지가 적절한 선을 넘어설 경우에는 상대방에 대한 존중을 해치고 소통의 흐름이 막히기 쉽다. 다른 사람을 본인 마음대로 하려는 태도는 상대방을 존중하지 않는다는 것이고, 그로 인해 관계를 해칠 수 있다.

<진정한 소통을 위한 자세>

　진정한 소통을 하려면 우리는 어떠한 자세를 가져야 할까?

　첫 번째, 소통하려는 상대방의 말을 경청해야 한다. 소통은 듣는 사람이 어떠한 태도로 듣느냐에 따라 보다 나은 관계로 발전할 수도 있고 분위기가 나빠질 수도 있다. 두 번째, 배운다는 마음가짐으로 소통에 참여해야 한다. 배운다는 마음가짐으로 소통에 임하다 보면 자연스럽게 겸손해지고 상대방의 의견을 존중하게 된다. 세 번째, 자신의 의견을 관철시키기보다는 상대방의 의견을 수용한다는 마음을 가져야 한다. 구성원들의 의견을 수용할 마음이 없다면 아무리 좋은 아이디어가 나와도 받아들여지지 않을 것이다. 네 번째, 남을 공격하는 것이 아닌 상대방에게 적절한 감정과 생각을 표현해야 한다. 공격적인 태도는 상대방에게 거부감만 줄 뿐이다. 다섯 번째, 직장 상사나 동료 등 사람에게 초점을 맞추지 말고 해결할 문제에 초점을 맞추어야 한다. 그러면 저 사람을 꺾기 위한 소통보다 문제해결을 위한 효율적인 소통을 하게 된다. 여섯 번째, 직장 상사는 부하에게 명료하게 이야기해야 한다. 애매모호하게 이야기하거나 그러한 상황을 만들지 않아야 한다. 일곱 번째, 적절한 정서와 표정을 담아내는 것이 좋다. 무관심한 표정이나 상황에 맞지 않는 정서는 진심을 전달하는데 방해만 될 뿐이기 때문이다. 여덟 번째, 자신의 감정과 기분을 솔직히 표현해야 한다. 일시적인 상황 만회를 위한 거짓과 가식은 장기적으로 부정적인 영향을 미치게 된다.

소통을 가로막는 태도와 진정한 소통을 위한 자세에 대해 살펴보았다. 여러분은 어떤 소통을 하고 있는지 되돌아보면서 지금까지 소개한 것들을 실천해 보자.

<소통을 잘하는 기업 사례>

그럼 소통을 잘하고 있는 기업의 사례를 살펴보자.

세계적 문구 브랜드인 오피스 디포는 경영현황 설명은 물론 정책과 제도에 대한 정확한 전달과 즉각적인 피드백을 얻기 위해 '타운홀 미팅'을 활용한다. 타운홀 미팅이란 회사의 주요 정책이나 이슈에 대해 설명하고 임직원의 의견을 듣는 비공식적인 공개 회의를 말하는데, 오피스 디포는 분기별로 1회씩 전 직원이 참석하는 타운홀 미팅을 개최한다.

타운홀 미팅은 CEO가 직접 경영현황을 설명하고 최고 재무책임자(CFO)는 재무현황을 공유한다. 모든 임원이 참석하는 패널 토의 및 직원의 질문과 피드백 시간도 함께 진행되는데, 임원이 참석하는 패널 토의의 주제는 모든 직원을 대상으로 사전에 조사한 실제 직원들이 궁금해 하는 사안으로 선정한다. 이뿐만 아니라 정책이나 제도를 담당하는 최고 실무자가 참석해 그 내용을 충분히 설명하고 직원들로부터 피드백과 질문을 여과 없이 받는다. 질문에 대한 답변은 가능한 한 현장에서 즉시 실행하지만 즉각적으로 할 수 없는 것은 일주일 내에 이메일과 사내 게시판으로 답변한다. 또한 모든 과정을 비디오로 녹화해 참석하지 못한 직원들에게도 배포하고 있다.

또 하나의 사례로 대한민국의 대표적인 화장품 제조 기업인 '아모레 퍼시픽'을 들 수 있다. 아모레퍼시픽은 수평적인 의사소통을 활성화하기 위해 2002년 7월부터 사장, 팀장, 부장 등의 모든 직위 호칭을 없앴다. 대신에 전체 임직원들이 언제, 어디, 누구에게라도 ' ~님'으로 부르도록 했다. 이는 2002년 월드컵 당시 수직적인 선후배 의식과 호칭이 경기 중 선수 간의 원활한 커뮤니케이션을 방해한다는 판단하에 호칭을 폐지한 히딩크 감독의 사례에서 비롯되었다. 아모레퍼시픽은 월드컵 대표팀의 성공 전략을 받아들여 수직적인 위계질서의 근무환경을 탈피, 임직원 모두의 수평적인 의사소통이 활성화된 기업문화를 조성하고 있다.

어느 날 팀장이 최 대리에게 이번 주까지 a프로젝트에 대한 완료 보고서를 달라고 지시하였다. 하지만 그 일은 현재 최 대리의 전체 업무 스케줄상 매일 야근을 해도 끝낼 수 없는 상황이다. 최 대리는 업무에 대한 합의가 거의 되지 않는 팀장과 절대적으로 불가능한 보고서 작성 업무 사이에서 고민이다.

단, 팀장은 굉장히 논리적인 사람이며 업무 전문가 역량을 보유하고 있어 어떤 일이 어느 정도의 시일이 걸리는지 정확하게 인지하고 있는 사람임을 최 대리는 잘 알고 있다. 여러분이라면 이런 상황에서 어떻게 행동하겠는가?

다음 중 하나를 선택해보고 선택한 이유를 말한 후 전문가의 의견을 확인해보자.
① 일정 내 완료가 불가능한 일이라면 일을 못하겠다고 한다.
② 현재 자신의 전체 업무 스케줄을 팀장에게 공유한다.
③ 직/간접적으로 팀장이 불가능한 것 같은 일을 그렇게 지시한 이유를 파악한다.

전문가 의견

01. 아무런 상황 제시 없이 팀장의 지시에 불복한다는 것은 조직에서 바람직하지 않은 상황이며, 자신도 합의에 대한 의지가 없음을 간접적으로 이야기하는 것임. 사실 이러한 경우 최대 피해자는 결국 자기 자신임을 깨달아야 한다.

02. 현재 자신의 전체 업무 스케줄을 팀장에게 공유한다는 것은 양방향 소통으로 보기에 다소 어려움이 있음. 왜냐하면 최 대리 역시 팀장이 논리적인 사람이라는 것을 인식하고 있음에도 팀장의 의중을 알고자 하는 행위를 전혀 하지 않았기 때문이다. 소통은 상호 간의 작용임을 잊지 말아야 한다.

03. 팀장이 자신의 상황을 인지하고 있다고 확신한다면 팀장의 의중을 아는 것이 중요하다. 그렇게 되면 알맞은 대응을 할 수 있고, 팀장의 이해를 구할 수 있기 때문이다.

09

소통 2

Communication

  많은 사람들은 대화능력이란 각자에게 주어지는 선천적인 재능이라 생각한다. 하지만 이는 연습을 통해 익히고 발전시킬 수 있는 기술이다. 소통의 기술인 대화능력에 따라 조직과 개인의 경쟁력이 달라지고 성공 여부가 좌우되기도 한다. 실력은 있으나 소통 부족으로 조직 내에서 제대로 인정받지 못하는 경우, 회의에 많은 시간을 투자하지만 결론을 내지 못하는 경우, 의미 혹은 의도가 제대로 전달되지 않아 오해가 생기는 경우, 직급을 남용하여 일방적인 소통을 하는 경우 등을 우리는 많이 경험할 수 있다. 이처럼 성공적인 소통이 이루어지지 않은 경우 우리가 속한 조직과 여러분은 원활한 직무 수행을 기대할 수 없다. 그렇다면 성과를 얻기 위해 우리에게는 어떤 소통 기술이 필요할까?

척하면 척하고 알아듣는 것이
무조건 바람직한가?

옛말에 '척하면 척이다'라는 말이 있다. 함께 호흡을 잘 맞춘 사이에서는 조금만 이야기해도 딱 알아듣는다는 의미이다. 우리는 척하면 척하고 알아듣는 조직을 상호 간에 이해가 높은 조직으로 오해할 수 있다. 물론 서로에 대한 이해가 높아지면 자연스레 척하면 척이라고 할 수 있는 상황을 만들어내기도 한다. 그렇다고 해서 이런 상황을 치밀한 관계에 대한 전제 없이 강요하는 것은 바람직하지 않다.

예를 들면, 김 대리와 팀장 모두 명확한 내용이 드러나지 않는 맥락만으로 커뮤니케이션하고 있는 경우 김 대리는 물론 팀장도 상황에 대한 이해가 조금이라도 어긋나게 될 때 문제가 발생할 수 있다. 물론 맥락 대화가 반드시 나쁜 것은 아니지만, 척하면 척이라는 것 역시 상호 간의 이해가 전제되지 않을 경우에는 더 위험할 수 있다. 척하면 척보다는 명확한 소통이 더 중요하다는 말이다.

대화에서
리액션이 필요한가?

요즘 방송에서 '리액션(Reaction)'이라는 말을 많이 한다. 대화에서도 리액션이 중요하다. 다른 사람들의 말이나 행동에 대해 반사적으로 나타나는 반응인 리액션은 대화 상대에 대한 배려이다. 리액션은 머리가 아닌 마음으로 대화할 때 드러나는데, 사람들은 누구나 상대에게 인정받고 싶은 욕구를 가지고 있다. 누군가 내 이야기를 진심으로 들어줄 때, 곧 리액션이 있을 때 존중받는다는 느낌을 받고 상대에게 호감을 갖게 된다. 그렇다고 지나치게 많은 리액션이 필요한 것은 아니다. 상대방의 말에 호응하고 감탄하고 맞장구치는 것만으로도 대화는 더욱 부드럽고 즐거워진다.

소통 기술이 필요한 이유

•

소통에 기술이 필요한 이유와 소통과 관련된 명언에 대해 알아보자. 의사소통에 장벽이 생기면 만남과 대화의 의미가 사라진다. 사람들 사이에 존재하는 이 장벽은 의사소통을 무척 어렵게 만든다. 말을 한다고 해서 그것이 의사소통이라고 생각하면 오산이다. 사람들은 어린 시절부터 받아온 교육 때문인지 의사소통을 실제보다 쉽게 생각하는 경향이 있다. 그러다 막상 어려움에 직면하면 금세 포기해버린다. 어려움의 본질을 모르기 때문에 무엇을 어떻게 해야 하는지 모르는 것이다. 문제는 의사소통이 어려운 데 있는 것이 아니라 너무 쉽게 포기하는 데 있다.

아이러니하게도 대화 기술이 상당히 발전한 요즘에도 사람들은 여전히 얼굴을 마주 보고 대화하는 일에 어려움을 느낀다. 직장에서 인정받지 못하는 사람들의 대다수가 소통의 어려움을 호소한다. 소통역량은 경영자, 리더, 팔로워 모두의 성과 및 효율의 크기에 영향을 끼친다. 그렇기 때문에 '소통의 기술'이 필요한 것이다.

소통 기술은 조직 구성원과의 신뢰관계 형성을 위해 필요하며, 조직 구성원들과 일치된 목표의식을 갖고 동기를 유발하기에 반드시 필요하다. 또한 소통 기술이 있어야 협력 업무에서의 효율성과 효과성이 증대된다. 이와 함께 소통 기술은 상호 간에 발생한 갈등 상황을 원만하게 해결하며 자신의 의사를 정확하게 전달하고 상대의 의도를 정확하게 인식하기 위해 필요하다. 그뿐만 아니라 상대방의 애로사항을 정확하게 파악하고 적절하게 피드백하기 위해서도 필요하다. 즉, 소통 기술은 조직 내 전반에 걸쳐 반드시 필요한 것이라 볼 수 있다.

<잘못된 소통 1> 정보의 왜곡

올바른 소통 기술을 알아보기 전에 우리가 주의해야 할 잘못된 소통 기술을 확인해보자. 우리가 경계해야 하는 잘못된 소통 기술 첫 번째는 '정보의 왜곡'이다. 이는 서로의 생각, 의도하는 가치, 능력, 성향의 차이 등으로 본뜻과 다르게 상대에게 전달되는 것을 말한다. 전달하는 사람과 전달받는 사람이 너무나 다른 생각을 가질 경우, 또는 전달하는 데 이용 가능한 언어가 부족한 경우, 수신자가 잘못 해석하는 경우, 그리고 조직 내에서 정치적인 이유 등 의도적으로 정보를 왜곡해서 흘리는 경우에 발생할 수 있다.

정보가 왜곡되어 갈등을 유발한 사례를 보면, 한 팀장은 인력 조정의 문제로 며칠 전 정 팀장과 언쟁을 하였다. 한 팀장은 언쟁을 유발한 것이 자신이기에 사과하기 위해 정 팀장에게 다가가 며칠 전 인력문제와 관련한 자신의 상황을 이야기하였다. 그런데 정 팀장은 왜 다시 그 문제를 끄집어내냐고 화를 냈다. 사과하기 위해 마련한 자리인데 서로의 생각 차이로 인한 왜곡이 발생하여 상황이 더 안 좋아진 것이다. 이처럼 나의 뜻이 의도한 것과 다르게 상대에게 전달될 수 있다는 점을 유의해야 한다.

<잘못된 소통 2> 정보의 생략

잘못된 소통 기술 두 번째는 '정보의 생략'이다. 상대방이 판단하기에 필요한 정보를 전달자가 누락하는 것을 말한다. 이는 전달자의 능력이나 보유하고 있는 정보의 양이 부족한 경우, 전달하는 경로나 중간 전달자의 부족 때문에 발생할 수 있다.

한 예로, 외근 중이던 오 과장은 급하게 결정된 오후 미팅을 준비하기

위해 팀 부하직원인 추 대리에게 전화하였으나 통화 중이어서 옆 부서의 이 과장에게 전화를 걸어 추 대리에게 회의실 예약과 프로젝터 준비를 하라고 말해줄 것을 부탁하였다. 하지만 이 과장은 회의실 예약 내용만 추 대리에게 전달하여 프로젝터 준비가 되지 않았고, 고객이 대기하고 있는 상황에서 프레젠테이션 환경을 준비하는 미흡함을 보이게 되었다. 여러분도 이러한 상황이 발생하지 않도록 정보를 전달할 때는 필요한 정보가 누락되지 않게 조심해야 한다.

<잘못된 소통 3> 정보의 과중

잘못된 소통 기술 세 번째는 '정보의 과중'이다. 전해주는 지식이나 정보가 너무 많아 상대방의 해석에 방해가 되거나 전달자가 의도한 효과가 기대한 대로 나타나지 않는 것이다. 정보의 중요도를 고려하지 않고 모든 사항을 이야기하는 경우나 상대방이 필요로 하는 정보의 범주를 정확하게 인지하지 못한 경우 정보의 과중이 발생한다.

구 차장은 회사 경영진 앞에서 신제품 출시 프레젠테이션을 하는 중 경영진에게 '이번 신제품은 무엇이 다른가?'라는 질문을 받았다. 구 차장은 경영진 앞에서 긴장한 탓에 요점을 정확하게 이해하지 못하고 신제품의 모든 사양을 상세하게 소개하기 시작하였고, 발표가 끝난 후 경영진으로부터 무엇이 차별화되어 있는지 잘 모르겠다는 지적을 받았다. 결국 팀장이 다시 답변하여 정확한 정보를 전달하였으나 회의가 끝난 후 구 차장은 팀장에게 질문의 핵심을 이해하지 못한다는 질책을 받았다. 과유불급

(過猶不及)이라는 말처럼 너무 많은 정보를 전달하는 것은 상대방에게 혼란을 안겨줄 수 있다.

<잘못된 소통 4> 부적절한 타이밍

잘못된 소통 기술 네 번째는 '부적절한 타이밍'이다. 중요한 정보가 필요한 때에 전달되지 않는 것으로, 상대방이 해당 정보를 필요로 하는 시기를 지나쳐 이야기하는 경우나 상대방이 불편해하는 상황에 해당 정보를 이야기하는 경우 등을 말한다.

박 팀장은 김 대리가 이번 주까지 준비해야 하는 A제안서를 준비하지 않아도 된다는 이야기를 황 과장에게 전달받았다. 그런데 박 팀장은 3일이나 지나서 김 대리가 A제안서를 거의 완료해가는 시점에 이 사항을 이야기해주었다. 김 대리는 3일 동안 하지 않아도 될 보고서를 작성하느라 낭비한 시간에 대한 허탈함으로 잠시 동안 말을 이어나가지 못했다. 이처럼 중요한 정보를 필요한 때에 전달하지 않는다면 이로 인해 손해를 보는 사람이 생길 수 있다.

<잘못된 소통 5> 비수용성

잘못된 소통 기술 다섯 번째는 '비수용성'이다. 비수용성은 상대방이 정보를 수용하지 않는 것으로 상대가 어떠한 말도 들으려 하지 않는 경우, 이야기하는 내용이나 언어에 대한 몰이해로 상대방이 전혀 이해하지 못하는 경우가 있다.

참고로 상대방이 자신이 듣고 싶은 부분만 듣는 선택적 수용의 경우도 있다. 예를 살펴보자. 새로 출시한 상품을 고객에게 설명하는 설명회에서 김 팀장은 참석한 100여 명의 체험 고객에게 그 상품의 우수성을 전달하기 위해 전문적으로 사용되는 용어와 각종 해외 논문 등을 토대로 30분 동안 땀을 흘려가며 이야기하고 있었다. 그런데 참석자 대부분이 졸거나 고개를 숙이고 휴대폰만 보고 있는 것이었다. 설명회가 끝난 후 체험 고객들은 '상품에 대해 알기 쉽게 다시 설명해 달라'는 요청 글을 다수 게시하였다. 이 사례와 같이 상대방의 수준이나 상황에 맞지 않는 전달 방식은 내가 전달하고자 하는 정보를 수용하지 못하는 경우가 있으므로 상대방의 특성을 파악해서 정보를 전달할 수 있도록 해야 한다.

성공적인 소통 기술 익히기

••

성공적인 소통을 위해 우리에게 필요한 소통 기술에는 '경청, 공감, 진실성'이 있다. 이 3가지 소통 기술에 대해 자세히 살펴보자.

<성공적인 소통 기술 1> 경청

경청은 상대방의 말을 그저 듣기만 하는 것이 아니라 상대방이 전달하고자 하는 말의 내용과 함께 그 내면에 깔려 있는 동기나 정서에 귀를 기울이고 이해된 바를 상대방에게 피드백해주는 것을 말한다. 경청은 소통에 있어서 무엇보다 중요하다. 경청을 통해 상대방에 대한 관심을 표현할 수 있고 초기 관계에서 신뢰를 쌓는 것을 도와주기 때문이다. 또한 대화 맥락과 내용에 대한 적절하고 효과적인 반응을 돕는다. 따라서 경청은 관계를 긍정적으로 발전시키는 것을 도와준다.

그럼 직장생활에서는 어떻게 경청해야 할까? 우선 직장 상사나 부하직원이 무엇을 말하고자 하는지 정확히 파악하는 것이 필요하다. 말하고자 하는 사람이 어떤 주제로 이야기하는지 파악하되 모르면서 이해한 척하면 안 된다. 구체적이고 직접적으로 말하게 하는 것이 필요하다. 상대방과 대화할 때 밝고 긍정적인 태도로 임하는 것이 좋다. 이와 같은 태도는 상대방을 존중하고 있다는 느낌을 준다. 그리고 대화가 결론 없이 끝나더라도 이를 이해하고 받아들여야 한다. 또한 조직 구성원과 대화할 때 열심히 들어주어야 하는데, 자신에게 흥미가 없는 주제라도 열심히 들어주어야 하며 다양하게 반응하는 것(리액션)이 필요하다.

<성공적인 소통 기술 2> 공감

다음으로 필요한 소통 기술은 '공감'이다. 공감은 타인의 사고나 감정을 자기의 내부로 옮겨 넣어 타인의 체험과 동질의 심리적 과정을 만드는 일을 말한다. 즉, 상대방과 자신이 다르다는 것을 인식하면서도 상대방과 자기의 심리적인 동일성을 경험하는 것이다.

여기서 주의할 점은 공감에 대해 사람들이 몇 가지 편견을 가지고 있다는 것이다. 무엇이 공감에 대한 편견인지를 살펴보자. 첫 번째 편견은 '공감은 낯간지러운 행동이다'라는 것이다. 공감의 표현을 반드시 부드러운 말로 해야 할 필요는 없다. 두 번째 편견은 '직장에서는 공감할 시간이 없다'는 것이다. 대화에 필요한 것은 시간적 여유가 아닌 심리적인 여유라는 것을 기억해야 한다. 세 번째 편견은 '상대방이 틀릴 수도 있으므로 어느 한 편을 들어줄 수 없다'는 것이다. 공감은 본인의 가치를 떠나 상대방에 대한 이해와 수용을 표현하는 것이다. 네 번째 편견은 '상대방을 유약하게 만든다'는 것이다. 우리는 주변 사람들에게 정서적인 지지를 받을 때 어려움을 헤쳐갈 힘을 얻을 수 있다. 공감에 대한 마지막 편견은 '나와는 어울리지 않는다'는 것이다. 마음으로 통하는 소통을 원한다면 작은 표현부터 기꺼이 변화를 시도해야 한다. 여러분도 이러한 공감에 대한 편견이 있었는지 생각해보자.

직장에서의 공감 기술에 대해서도 살펴보자. 조직 구성원의 말에 적당한 리액션을 하도록 하자. 긍정적인 주제에는 긍정적인 반응을, 부정적인 주제에는 안타까움이나 슬픔 같은 적절한 표현을 하는 것이다. 그리고 상대방의 이야기가 끝나면 공감한 부분에 대해 이야기하자. 아무리 비언어적으로 공감을 표현했다고 해도 확실한 표현은 구체적인 말로 하는 것이 필요하다. 마지막으로 나와 상대방의 공통된 방향성이 있으면 이야기해 주면 된다. 이는 의사결정을 하는 데 많은 도움이 된다.

<성공적인 소통 기술 3> 진실성

세 번째 소통 기술인 '진실성'에 대해서 살펴보자. 진실성이란 꾸밈이나 가식 없이 자신의 참모습을 드러내는 태도를 말한다. 진실한 사람은 자신의 감정을 잘 알고 적절한 때에 그 감정을 표현하며 여럿이 함께했을 때에도 자연스럽게 행동하기 때문에 상대방이 그의 진실한 모습을 보게 된다.

진실함에서도 몇 가지 오해가 있는데, 첫 번째는 '정제되지 않은 표현일수록 진실하다'는 오해이다. 충동적인 것과 진실한 것을 구분할 줄 알아야 한다. 두 번째는 '부정적으로 말하는 것은 솔직한 표현이다'는 것이다. 상대방을 비난하면서 이를 솔직함으로 위장하는 경우도 존재하므로 주의해야 한다. 세 번째 오해는 '상대방을 만나자마자 자신을 다 드러내야 한다'는 것인데, 성급하게 자신을 다 드러낸다고 해서 상대방과 친해질 수 있는 것은 아니다. 마음의 개방 정도는 관계의 친밀도, 함께 보낸 시간에 따라 달라진다. 네 번째는 '진실하게 이야기하면 상대방은 다 수용한다'는 오해이다. 진실함은 표현 방식에 따라서 자신의 의견이나 감정을 강요하는 것처럼 받아들여질 수 있으니 주의해야 한다.

그렇다면 직장에서는 진실함을 어떻게 표현해야 할까? 조직 구성원과 대화를 할 때 모르거나 못 들은 부분이 있으면 솔직하게 이야기하는 것이 필요하다. 부끄러운 것이 아님을 인식하고 업무에 대해 모르거나 막히는 부분이 있으면 솔직히 말해야 한다. 그리고 의견이나 가치관에 대해 상대방과 이야기할 때 진지하게 임해야 한다. 상대방의 의견이나 가치관이 나와 다르더라도 수용할 부분은 수용해야 할 것이다. 조직 구성원들이나 경영자에게 의견이 다른 부분을 명확히 이야기해야 한다. 자신의 의견이 다름을 감추지 말고 이야기하는 '용기 있는 진실함'이 필요하다.

<소통을 원활케 하는 조직문화 구축>

　지금까지 소통의 기술에 대해 살펴보았다. 우리는 개인의 소통 기술을 넘어서서 소통하는 조직문화를 구축해야 한다. 소통을 높이는 조직 문화는 어떻게 구축할 수 있을까?

　첫째, 자유롭게 말하는 분위기를 만들어야 한다. 상하 서열을 중요시하고 명령이나 지시로만 형성된 기업문화는 부하직원의 아이디어나 불편한 점과 같은 애로사항을 파악하기 힘들게 하고 업무의 효율성을 저하시킨다. 업무 분위기가 자유롭게 되면 근본적으로 업무에 대한 적극성이 생겨 모든 일에 능동적이고 창의적으로 일하는 태도를 갖고 자유로운 의사 전달 과정에서 획기적이고 좋은 아이디어가 나올 수 있다.

　둘째, 끝까지 듣는 문화를 만들어야 한다. 어떤 아이디어나 의견이 회의시간에 나온다 하더라도 모든 구성원들이 끝까지 들어주는 문화가 필요하다. 자유롭게 말하는 분위기를 만들었어도 기본적으로 경청하지 않는다면 그것 자체로 발표자가 말하는 것을 꺼리게 될 것이다.

　셋째, 창의적이고 다양한 소통 환경과 채널을 확보해야 한다. 소통을 하는 당사자의 의지나 생각뿐만 아니라 환경도 중요하다. 소통을 위한 좋은 환경과 채널은 조직 구성원의 소통 의지와 적극성을 높여줄 수 있다. 또한 여러 사람의 소통 참여를 독려할 수 있어서 많은 아이디어와 획기적인 구상이 나올 수 있다.

　넷째, 경영자나 관리자가 솔선수범해야 한다. 관리자나 경영자가 솔선수범하면 부하직원들도 자연스럽게 그 문화를 따라갈 확률이 높아진다.

소통, 이럴 땐 이렇게

• • •

조직 내 소통은 다양한 관계와 다양한 상황에서 발생한다. 소통방법에 대해 상황별로 살펴보자.

먼저 상하관계의 소통법이다. 상사와의 소통은 자신의 능력과 성과를 인정받기 위해 필수이며, 상사와 부하직원의 소통은 상사의 리더십을 평가하는 중요한 척도이기도 하다. 상하관계의 소통에 있어서 부하직원은 상사의 의견을 항상 겸손한 자세로 경청해야 한다. 이미 알고 있는 내용이라도 경청하고 다시 배운다는 자세로 대하는 것이 필요하다.

또한 부하직원은 모르는 업무가 있거나 불편한 점이 있으면 상사에게 솔직하게 말해야 한다. 직장 상사도 사람이기 때문에 말을 하지 않으면 모를 수밖에 없다. 부하직원은 의견이나 좋은 아이디어가 있을 경우 상사에게 겸손한 어투나 자세로 말하는 것이 필요하다. 자만하거나 건방진 자세로 임하면 직장 상사가 편견을 가지고 자신을 바라볼 수 있다는 것을 명심해야 한다. 동시에 직장 상사는 부하직원이 자신보다 경험도 적고 업무적인 능력이 낮더라도 의견이나 가치관에 대해 존중해주어야 한다. 부하직원의 창의적인 생각이 회사의 업무 효율을 높일 수 있다고 생각해야 한다.

그럼 남녀관계에서의 소통은 어떨까? 남성과 여성은 의사소통 방식에 차이가 있다. 남성은 목적 지향적이고 문제 해결을 위한 대화를 추구하는 반면 여성은 관계 지향적이고 공감을 이끌어내는 대화를 추구하는 경향이 있다. 이를 고려하여 남녀관계의 소통에 있어서는 근본적인 언어

구사 능력이나 방식에 대한 차이를 이해하고 존중해야 한다.

남자와 여자는 언어적인 뇌구조가 다르기 때문에 같은 사건을 두고 이야기하는 방식이나 표현하는 것이 다를 수 있음을 인정하는 것이다. 그렇기 때문에 직장에서 남자 직원은 여자 직원의 불편한 점이나 애로사항에 대해 존중해주고, 여자 직원도 남자 직원의 불편한 점이나 애로사항에 대해 존중하여 서로 양보하는 문화를 만들어야 한다.

여자 직원의 생리문제에 대한 배려를 예로 들 수 있을 것이다. 무엇보다 성별이 다르다는 이유로 차별적인 관점을 갖지 말아야 한다. '여자직원은 육아에 전념해야 하니 금방 일을 그만두겠지'라는 등의 구시대적인 선입견을 가져서는 안 된다.

다음으로 세대차이가 있는 관계에서의 소통에 대해 이야기해보자.

의사소통을 할 때에는 서로 성장해온 문화적 배경이 다르다는 사실을 인정하고 존중하는 것이 중요하다. 세대차이 때문에 생긴 거리감을 줄여 나가려면 상호 간에 공통점을 찾는 노력을 해야 한다. 세대 간 바람직한 소통방법은 특정 세대를 묶어 '싸가지가 없다'라는 식의 무조건적인 비토 의식을 가지고 소통에 임하지 않는 것이다.

비토란 '이유를 불문하고 무조건 반대하는 것'을 의미한다. 기성세대는 젊은 세대의 삶의 방식이 기성세대와 다르다고 인정해주는 것이 필요하다. 또 젊은 세대는 기성세대에 대해 존중하는 자세로 소통해야 하며, 그들의 경험과 업무능력에 대해 겸손한 자세로 배워야 한다. 또한 서로의 가치관과 사고방식이 다르다는 것을 인정해야 한다. 서로가 살아온 세대가 다르기 때문에 가치관과 사고방식은 당연히 다르다. 이것을 인정하고 서로의 의견과 가치관을 대화를 통해 좁혀갈 필요가 있다.

<조직 내 갈등의 긍정적인 효과>

우리는 조직 내에서 갈등을 경험한다. 갈등이란 개인의 정서나 동기가 다른 정서나 동기와 모순되어 그 표현이 저지되는 현상을 의미한다. 갈등은 일반적으로 부정적인 의미를 담고 있지만 조직 내에서 적절한 갈등은 긍정적인 효과를 포함하고 있으며, 이러한 갈등은 소통을 통한 해결로 성장된 조직의 모습을 만들어낼 수 있다.

조직 내 갈등의 긍정적인 효과는 어떤 것이 있을까? 의욕과 에너지를 증진시켜 시스템을 유지하는 데 도움을 주고 관점을 다양하게 하며 요구 수준을 상승시켜 개인의 발전과 조직의 혁신을 자극한다. 갈등의 당사자들이 자기 자신의 위치에 대해 더 잘 알게 되며 각 당사자들은 자기 정체성에 대해 더 깊이 이해하게 된다. 그렇다면 갈등이 발생했을 때 어떻게 해소하면 좋을까? 여기에 3단계 해소법이 있다.

STEP1. 상대방을 존중하는 태도를 보여라.

STEP2. 상대방의 입장을 이해할 때까지 경청하라.

STEP3. 나의 관점, 요구조건, 기분을 상대방에게 이야기하라.

상대를 존중하면서 상대방의 이야기를 경청하며 이해한 후 자신의 이야기를 하는 것이 갈등 해소를 위한 소통의 방법이다.

여러분이라면 이런 상황에서 어떻게 대처하겠는가?

▼

당신과 같은 팀의 후배 직원 지 대리는 공격적인 편이다. 그는 종종 회의시간이나 대화 때 과격한 발언으로 분위기를 묘하게 만들기도 한다.

예를 들어 이른바 '진상'인 거래처 고객에 대해 이야기를 나누는 자리에서 '그런 거래처는 담당자에게 욕을 해주고 거래를 끊어야 한다'고 격앙된 목소리로 이야기를 한다. 사실 그 이야기를 꺼낸 박 대리는 자신이 그 거래처를 관리하고 있으니 힘든 점이 있음을 알아달라고 이야기했던 것뿐이다.

다른 팀에도 소문이 나서 지 대리와는 갈등의 소지가 있을 수 있는 대화는 하지 않으려 한다. 참고로 지 대리의 개인적인 업무능력은 우수한 편이다.

다음 중 하나를 선택해보고 선택한 이유를 말한 후 전문가의 의견을 확인해보자.

① 강력하게 각인될 수 있도록 여러 사람 앞에서 크게 나무란다.

② 지나가는 말로 주의해달라고 당부한다.

③ 현재의 상황을 인식시키고 소통 방식을 조언한다.

전문가 의견

▼

01. 여러 사람 앞에서 크게 질책한다면 효과는 즉각적일 수 있으나 지 대리는 선배에게 불만을 품게 될 수 있음. 그리고 어떠한 가이드도 받지 못해 바람직한 소통 방식이 무엇인지조차 모르고 넘어갈 수 있다.

02. '말을 했다'에 대한 효과는 상황과 방식에 따라 크게 달라질 수 있음. 지 대리의 상황은 이미 조직 전체에서 민감하게 받아들여진 경우인데 그 심각성을 고려하지 않고 가볍게 이야기한다면 지 대리는 상황의 심각성 자체를 인식하지 못할 수 있다.

03. 타 부서에서 협업을 꺼릴 정도의 상황이라면 지 대리에게 현재의 상황을 인식시키는 것은 매우 중요한 일임. 향후 업무 성과에도 치명적인 영향을 끼칠 수 있다는 것을 인식하게 한 후 조언한다면 지 대리도 공감을 통해 변화할 수 있게 될 것이다.

10

협업

Co-operation

특수한 업무영역이 아닌 이상 일은 누군가와 함께 수행하거나 합의 해야 하는 경우가 많다. 하지만 사람과의 일에서는 늘 다름이 발견되고 때로는 이것이 갈등으로 이어지기도 한다. 이러한 이유로 많은 이들이 협업에 대해 심리적인 부담을 갖는 것이 사실이다. '같이 하면 절차만 더 복잡해지는데, 협업을 하지 않으면 안 될까요?'라고 질문할 수도 있으나 협업에서 절차의 문제는 조직의 문화 수준과 연결되어 있다. 조직의 협업문화가 성숙하지 못하면 절차만 더 늘어나는 것처럼 보일 수 있다. 그러나 협업을 한다고 해서 무조건 절차가 늘어나는 것은 아니며, 오히려 효율성과 효과성이 더욱 증대된다. 반면 관계가 원활하지 못할 경우 혼자 일하는 경우보다 더 큰 스트레스를 받게 되고 효율이 떨어진다. 여러분은 협업이 어려운가? 쉬운가?

기업 경영에서 협업의 중요성이
커지고 있는가?

최근 기업들은 '협업은 선택이 아니라 필수이다' '협업이 정답이다'라는 말을 많이 하고 있다. 실제로 기업 경영에서 협업의 중요성이 증대되고 있는가?

협업의 중요성은 점차적으로 커지고 있다. 조직의 업무는 크게 정형적인 업무와 비정형적인 업무로 나눌 수 있다. 변화의 속도가 빨라지는 가운데 기업에서는 비정형적인 업무에 대한 비중이 크게 증가하는 추세이다. 비정형적인 업무는 새롭고 세부적인 업무를 정해줄 수 없는 경우가 많기 때문에 창의력과 순발력이 요구된다. 전통적인 표준화의 원리도 여전히 중요하지만 자동화 기술의 발달로 정형화된 업무에 인간의 영향이 줄어드는 4차 혁명의 추세 속에서 비정형적 업무의 중요성은 더욱 높아질 것이다.

비정형적 업무와 협업이 어떤 관련이 있는지 알아보자. 비정형적 업무 환경에서는 개인의 역량도 중요하지만 협업이 효과적으로 이루어지느냐가 매우 중요하다. 반복적인 업무 상황에서는 개인의 역할과 책임, 세부 업무의 투입과 산출, 업무 간 연계 및 정보 공유의 절차 등이 분명히 정해져 있다.

하지만 이러한 사항들이 명확하지 않은 비정형적 업무에서는 참여자들이 합의하여 기준이나 절차를 정하고 생각을 공유하는 등의 협업역량이 성과를 좌우하게 된다. 비정형적 업무의 비중이 커지면서 그에 따라 협업의 중요성도 같이 커지고 있는 것이다.

협업문화를 위한 노력은
잘 되고 있는가?

실제로 민간 기업은 물론 공공기관에서도 협업문화를 구축하기 위한 다양한 노력을 하고 있다. 대표적인 예로 행정안전부에서는 '협업 포인트 제도'를 시행하고 있다. 협업 포인트 제도란 공무원이 기관 또는 다른 부서 공무원과 업무 과정에서 도움을 주고받거나 지식 정보를 공유하는 등 협업을 하는 경우 포인트를 주고받는 제도를 말한다. 쉽게 말해, 협업을 하면 포인트를 주는 제도이다.

협업 포인트 제도는 직원들끼리 협업을 활성화하고 칸막이 없이 소통하면서 업무 효율성을 높이며, 이를 통해 부처 간 이기주의를 없애고 이타적인 마음가짐으로 협업하는 조직문화를 활성화한다는 취지를 가지고 있다. 이러한 제도 시행 이전에도 이미 일부 민간 기업들은 칭찬문화 확산의 일환으로 다양한 방법을 통해 협업 포인트 제도를 이용하여 좋은 성과를 내고 있다. 협업문화 구축을 위한 새로운 시도인 것이다.

기업에서도 협업문화 조성을 위해 공동 아이디어를 인정하고 포상하는 기업들이 있다. 이것은 직원들이 집단지성을 발휘하도록 함으로써 성과를 극대화시킬 수 있다.

조직에서의 협업

•

협업이란 무엇일까? 두산백과에서는 '생산과정에 있어서 많은 사람들이 서로 협동하여 노동을 하는 생산 형태'라고 정의하고 있다. 카를로스 도밍게스(Carlos Dominguez)는 협업에 대해 '우리의 전통적인 의사소통 구조와 팀워크만으로는 성취할 수 없는 새로운 가치를 창조하는 과정'이라고 했고, 모튼 한센(Morten T. Hansen)은 '서로 다른 조직의 사람들이 공동의 과업을 달성하기 위하여 같이 일하거나 서로 상당한 수준의 도움을 주는 상황에서 일어나는 업무 방식'이라고 정의하였다.

우리는 협업이 가지고 있는 본질적 의미에 대해 이해할 필요가 있는데, 그 본질은 협업과 분업을 비교해보면 좀 더 구체화할 수 있다.

협업이 '왜(Why)'에 초점을 맞추는 것이라면, 분업은 '무엇(What)'에 초점을 맞추는 것이다. 그리고 협업은 협력하여 일하는 것을 의미하지만 분업은 말 그대로 일을 나누는 것을 의미한다. 곧 협업은 화학적 융합이며 일을 통해 시너지를 추구하는 것이고, 분업은 물리적 분배와 함께 효율성을 추구하는 것이다. 다시 말하면 협업은 분업과 다르게 서로 다른 아이디어와 관점을 인정하는 데서 시작해 궁극적으로는 시간 절약과 생산성 향상은 물론 상호 간의 역량을 융합하여 새로운 시너지를 창출하는 데 목적이 있는 것이라고 할 수 있다.

조직 연구 분야의 권위자이자 UC 버클리대학교 교수로 재직 중인 모튼 한센 교수는 저서에서 '향후 기업의 경쟁 우위는 조직 안에 흩어져 있는 자원을 효과적으로 연결해내는 콜라보레이션(Collaboration) 역량이 될 것'이라고 이야기하고 있다. 곧 협업의 필요성을 강조한 것이다.

일례로 '퍼시스(Fursys)'에서 직장인 6,000명을 대상으로 '업무 생산성을 높이기 위해 협력 업무가 강화되어야 한다고 생각하십니까?'라는 설문조사 결과 응답자 중 59%가 '그렇다'고 답했다. 경영자뿐 아니라 직장인들 역시 혼자서 일하는 것보다 여러 사람이 협업을 할 때 생산성과 효율성이 높아진다고 생각하는 것이다.

<협업이 필요한 경우>

그렇다면 협업은 어떤 경우에 필요할까? 하나의 프로젝트에 다양한 부서와 다양한 능력을 가진 인력이 필요한 경우 한 구성원이 가진 단점을 다른 구성원의 장점으로 보완해줄 수 있다. 그리고 개인 단위로는 수행할 수 없는 거대하고 복잡한 업무나 프로젝트를 수행할 경우 즉, 많은 자본과 인력·기술이 필요한 경우 각 분야의 전문가들이 모여서 공동의 목표를 가지고 정보를 나누며 일함으로써 새로운 가치를 창출할 수 있다.

또한 정보화 시대로 인해 소비자의 욕구와 트렌드가 빠르게 변화되고 있어 이러한 변화의 속도를 맞추기 위해서는 구성원 간의 정보 공유와 함께 협업의 필요성이 증가되고 있다.

여기서 잊지 말아야 할 것이 있다. 기업에서 협업 자체를 목적으로 정책이나 제도를 준비해서는 안 될 것이며, 성과 창출을 위한 수단으로 접근해야 한다는 것이다. 독일 지멘스 회장인 조 카이저(Joe Kaeser)는 "과

거의 혁신은 천재 한 명이 뛰어난 발명을 해서 특허를 얻는 형태로 이뤄졌지만, 오늘날의 혁신은 협업을 통해 이뤄지고 있다."라고 말하였다. 기업의 협업이 그 어느 때보다 중요한 시기이지만 전통적인 기업에서는 협업이 안 되고 있는 것이 사실이라고 덧붙이고 있다.

<조직 내 협업의 중요성>

그럼 조직 내에서 협업의 중요성은 왜 그렇게 강조되는 것일까? 우선 협업은 조직 전체에 집단지성 활용의 길을 열어준다. 기대 성과의 크기를 개인에 맞추지 않고 조직 전체의 역량에 맞출 수 있어야 한다. 조직 내 소통문화 형성을 자연스럽게 구축하는 데 도움이 되도록 해야 한다. 협업은 자신이 가진 능력과 생각을 공유하는 것인데, 이미 그 자체로 구성원 간의 소통이 이루어지고 있는 것이라고 할 수 있다. 이런 협업의 중요성을 인식하고 조직문화에 접목시킨 사례가 삼성전자의 'MOSAIC' 이다.

삼성전자는 2014년부터 공유와 협업을 중시하는 사내 문화를 만들고 있다. 대표적인 사례가 칸막이로 대표되는 폐쇄성과 수직구조에서 벗어나 소통과 협업에 힘을 싣기 위해 임직원들이 전사적인 차원에서 서로 이야기를 나누고 공유할 수 있는 '모자이크'라는 플랫폼이다. 집단지성의 여러 가지 기능을 모은 플랫폼인 '모자이크'를 통해 한 직원이 아이디어를 내면 다른 전문 분야의 직원들이 공동 참여를 제안함으로써 합리적인 아이디어를 실제 사업으로 이어나가는 시스템이다. 이를 통해 서로 다른 장점을 지닌 임직원들이 협업하며 시너지를 일으키는 것이다.

<협업의 궁극적인 목적>

기업에서 협업을 하는 데에는 궁극적인 목적이 있다. 협업을 통해 혁신을 제고하고 매출을 증대시키며 운영 효율을 개선하려는 것이다. 곧 여러 다른 분야의 사람들이 협업을 함으로써 아이디어가 창출되고 매력적인 제품이 개발되는 과정에서 더 나은 혁신이 일어난다. 기존 고객에게 다양한 제품을 판매하며 비용절감 또는 의사결정의 품질을 제고하면서 운영 효율을 개선하는 것이다. 그렇기 때문에 무조건 협업하는 것이 아니라 필요한 목적을 달성하기 위해 협업을 하는 것이다. 즉, 이러한 목적을 달성해야 성공적인 협업이라고 할 수 있다.

협업을 필요로 하는 경우를 구체적으로 살펴보자. 협업이 필요한 경우는 업무나 프로젝트에 투입되는 인력이나 자원이 개인이 해결할 수 없는 방대함과 복잡성을 갖고 있는 경우이다. 그리고 신규 시장에 진입할 때 기존의 정보가 없거나 해외시장의 소비자의 욕구를 빠르게 확인해야 하는 경우, 새로운 기술이나 제품을 개발할 때 기존에 없던 새로운 것을 창조해야 할 경우에도 협업이 필요하다.

또한 기업이 신규 고객을 유치하기 위한 부서 간의 상호 보완적인 업무 수행이 필요한 경우도 있다. 그리고 자사에 꼭 필요한 프로젝트나 제품 개발을 하는 데 할 수 없는 업무를 타사에 위탁하거나 공동으로 작업해야 하는 경우, 기업이 엄청난 위기에 직면해 전 직원이 함께 힘을 모아 해결해야 하는 경우, 경쟁시장에 새로운 기업이나 신제품이 들어와 많은 아이디어나 마케팅 전략이 필요한 경우에도 협업이 필요하다. 경영자나 관리자가 새로 와서 조직이 새로운 문화와 방향성을 설정해서 앞으로 나아가야 하는 경우도 협업을 필요로 한다.

협업을 통해 개인이 얻을 수 있는 효과는 업무 효율성의 증대로 불필요한 업무시간이 단축되고 개인 단위로 해결할 수 없는 프로젝트나 업무를 수행할 수 있게 된다는 점이다. 자신이 알 수 없는 부분을 다른 구성원이 보완해줄 수 있기 때문에 업무 효율이 높아지고 혼자 수행할 때보다 정신적 부담을 덜 수 있다.

한편 조직이 협업으로 얻을 수 있는 효과는 컨트롤 가능한 직원을 통해 탁월한 성과 창출을 기대할 수 있다. 또 정보 공유로 소비자의 욕구 변화나 트렌드 변화를 읽어내고 적절한 해결책을 내놓을 수 있다. 또한 자사가 할 수 없는 업무를 타사와의 협업을 통해 보완할 수도 있다.

<협업을 피해야 하는 경우>

협업이 무조건 좋은 것이 아닐 수도 있는데, 그렇다면 협업을 피해야 하는 경우는 언제일까? 개인 단위로 충분히 수행 가능한 단순한 업무일 경우 또는 굳이 둘 이상의 사람이 협력하지 않아도 효과성을 충분히 낼 수 있을 때는 협업이 필요하지 않다. 예를 들어 하나의 파워포인트를 작성해야 하는 경우 해당 페이지 작성을 협업해서 작성하는 것보다 한 명이 수행하는 것이 효율적이다.

협업보다는 분업이 더 효과적인 경우가 있는데, 상호 간의 협의를 통해 문제를 해결할 필요가 없이 현재의 업무 상태를 분업하기만 해도 효율성을 동일하게 이끌어낼 수 있는 경우이다. 협업을 이유로 업무나 프로젝트에 과한 인력이나 자원을 투입할 경우, 즉 협업을 하지 않는 경우와 비교해도 생산성과 효율성이 더 낮은 경우 그것을 피하는 것이 좋다. 조직의 목표나 예산을 고려했을 때 협업에 따른 비용 투자가 지나치게 많을 경우도 협업을 피해야 한다.

단독으로 수행할 경우와 협업 환경을 구축했을 때 성과가 같다는 전제 아래 협업 환경을 구축했을 때 비용 발생분이 더 클 것이 예상된다면 협업을 하지 말아야 한다. 그리고 조직 구성원이 협업을 할 의지나 동기부여가 되지 않았을 때도 피해야 한다. 협업을 해야 하는 상호 간의 신뢰

협업	분업
왜(Why)	무엇(What)
협력하여 일하는 것	일을 나누어 하는 것
화학적 융합	물리적 분배
시너지 추구	효율성 추구

**"협업은 서로 다른 아이디어와 관점을 인정하는 데서 시작해
궁극적으로 상호 간의 역량을 융합하여
새로운 시너지를 창출하는 데 목적이 있음"**

관계가 좋지 않을 경우 자발적 참여를 기대하기가 어렵기 때문이다.

또한 협업이 기업이나 조직의 나아가는 방향과 가치관에 부합되지 않는 경우로 협업 환경을 만드는 것 자체가 기업의 의사결정의 기준이 되는 핵심가치에 위배되어 조직 가치관이 흔들릴 경우도 협업을 피해야 한다.

<조직 내 협업을 막는 4가지>

조직 내에서 협업을 할 때 이를 가로막는 4가지 요소가 있다. 바로 NIH(Not-Invented-Here) 장벽, 독점(Hoarding) 장벽, 검색(Searching) 장벽, 이전(Transfer) 장벽이다. 이 4가지가 무엇인지 하나씩 살펴보자.

'NIH 장벽'은 외부와의 협업을 하지 않으려는 현상이다. NIH 장벽

이 발생하는 주요 원인은 폐쇄적 문화로, 집단 내 연대감이 높을수록 그 집단의 구성원들은 내부에 집중하고 바깥 세계에 대해 배타적인 태도를 보이게 된다. 또 신분 격차도 NIH 장벽의 원인이 된다. 자신이 지위가 높다고 생각되면 자신보다 덜 중요하다고 생각되는 사람들과는 협업하지 않으려는 경향을 보인다. 스스로 문제를 해결할 수 있다는 생각에 얽매여 다른 사람의 조언을 구하는 것을 꺼리는 자기 의존 역시 NIH 장벽을 만든다.

두 번째로 '독점 장벽'은 상대방이 도움을 요청하는 경우에도 도움을 주지 않는 현상이다. 독점 장벽의 주요 원인은 경쟁으로 기업 내부의 경쟁을 꼽을 수 있는데, 이는 사람들의 협업에 대한 의욕을 약화시킨다. 이와 함께 개인의 성과에만 보상이 주어지는 제한된 인센티브의 경우에도 사람들은 자신의 업무에만 집중하는 경향을 보인다. 또한 너무 바쁜 것도 독점 장벽의 원인이 되는데, 시간 기근 현상에 붙잡혀 있는 경우 합당한 지원 요청도 자신의 업무에 차질을 주는 것으로 받아들이게 된다.

세 번째로 '검색 장벽'은 협업을 의도하는 측에서 협업 대상이나 협업을 위한 정보를 찾을 능력이 없는 현상이다. 검색 장벽의 원인에는 회사의 규모가 있는데 기업의 규모가 클수록 검색도 어려워진다. 그리고 협업 팀들의 물리적 거리는 협업의 대면 상황을 어렵게 하며, 정보의 과부하는 신호 대비 자본 비율을 높여 검색 장벽을 일으킨다.

네 번째로 '이전 장벽'은 협업 구성원들이 협업 방법을 잘 몰라 노하우나 기술을 상대에게 이전하지 못하는 현상이다. 이전 장벽의 대표적인 원인은 암묵적인 지식을 습득하고 체화하는 데 상당한 시간과 경험이 필요하기 때문이다. 그리고 공통 인지들이 부족한 경우로 공통 인지가 없다면 상대를 이방인으로 느끼게 되어 이전 장벽이 발생한다. 즉, 서로를 잘 알지 못하는 사람들 사이와 같이 유대감이 약하면 지식을 이전하기 어려워진다.

따라서 우리는 협업을 할 때 NIH 장벽, 독점 장벽, 검색 장벽, 이전 장벽이 발생하고 있지 않은지 주의할 필요가 있다.

협업은 시너지,
1+1=4를 창조하는 작업

••

콜래보노믹스(Collabornomics)라고 들어보았는가? collaboration+economics='협력의 경제학'을 뜻하는 말로, 1+1은 2가 아닌 3 이상의 시너지 효과를 만들어내는 21세기형 부의 창출 방정식이자 불확실한 시대를 헤쳐나갈 해법을 의미한다. 즉, 불투명한 경제상황에서 모두가 힘을 합쳐 난제를 해결하고 혁신적인 아이디어를 찾아내기 위한 상생의 윈-윈 파트너십을 말한다.

스타벅스와 동서식품이 콜라보레이션을 하여 스타벅스 매장과는 별도로 슈퍼마켓 등에서도 병이나 캔으로 포장된 커피 판매를 한 것이 대표적인 콜래보노믹스의 사례이다. 또한 이탈리아의 유명 커피 브랜드인 일리의 브랜드와 코카콜라의 유통망을 결합하여 캔으로 포장된 커피를 판매한 것도 유사한 방식의 콜래보노믹스 사례이다. 협력을 통해 각 분야의 강점을 극대화하여 시너지를 발현할 수 있는 것이다.

<협업의 5가지 성공요인>

시너지를 내기 위한 협업이 성공적으로 이뤄지기 위해서는 무엇이 필요할까?

협업의 성공요인 5가지가 있다. 성공적인 협업을 위해서는 첫 번째, 협업을 통한 성공적 프로젝트 수행을 위해 최적의 역할자 혹은 조직을 찾아야 한다. 협업 상대방은 자신을 대체하는 사람이 아니라 '보충해주는 사람'이라는 것을 명심해야 한다. 두 번째, 역할분담을 적절히 해야 한다. 경영자는 개인의 장점과 단점을 명확히 파악하여 그에 알맞은 분야나 활동에 배치할 필요가 있다. 세 번째, 협업을 하는 구성원들의 명확한 의사

표> 협업의 5가지 성공요인

성공요인 1	최적의 역할자 혹은 조직
성공요인 2	적절한 역할분담
성공요인 3	구성원들의 명확한 의사소통과 적절한 피드백
성공요인 4	결과에 대한 충분한 보상과 적절한 분배
성공요인 5	적절한 장소와 적정한 시간

소통과 적절한 피드백이 필요하다. 구성원들 간에 각자의 업무나 프로젝트의 진행 사항에 대해 발표하고 부족한 부분이나 다른 의견이 있을 경우 적절한 피드백을 통해 보완해 나가야 한다. 네 번째, 결과에 대한 충분한 보상과 적절한 분배가 이루어져야 한다. 팀 프로젝트나 업무에 대한 공헌의 적절한 분배는 구성원들의 동기 부여와 성과를 극대화해줄 것이다. 협업의 성공요인 마지막은 협업을 위한 적절한 장소와 적정한 시간을 제공하는 것이다. 아무리 좋은 프로젝트라고 해도 수행할 충분한 시간이 없으면 무의미하기 때문에 쾌적한 환경은 구성원들의 동기 부여와 능률을 높일 것이다.

협업의 다섯 번째 성공요인과 관련하여 시간 활용을 잘하고 있는 사례를 하나 소개하고자 한다. 광학 전문기업 캐논(CANON)은 2000년부터 회의실 의자를 없애고 스탠딩 회의를 시작했다. 회의시간을 단축시켜 직원들의 집중력을 높이고 긴 회의에 지쳐 조는 등 회의에 적극적으로 참가하지 못하게 되는 일을 방지하기 위해서였다. 한 가지 더 재미있는 점은 회의실 내에 자료 반입을 일절 금지하는 점이다. 프린트 등 자료의 반입을 허용하면 자료만 줄줄이 읽게 되어 회의시간이 길어지기 때문이다.

<성공적인 협업을 위한 추진 방법>

협업과 관련하여 공간의 중요성에 대해서도 생각해볼 필요가 있다. 기업에서는 의외로 많은 직장인들이 대면회의를 선호한다. 이는 직원과 임원이 다르지 않다. 직접 만났을 때 더 의미 있는 비즈니스 관계가 만들어진다고 생각하기 때문이다. 온라인 협업이 효율적이고 빠르지만 중요한 의사결정은 상대방의 얼굴을 마주하는 대면협업을 더 선호하는 경향이 있다. 이러한 까닭에 메일이나 메신저의 보편화에도 불구하고 직원들은 하루에도 몇 번씩 더 쾌적하고 시설이 잘 갖추어진 회의실을 선점하느라 분주히 움직이게 된다.

조직 내에서 성공적인 협업을 위한 구체적인 추진 방법에 대해 살펴보자. 협업을 하기 전에 기업에게 협업이 유용한지 명확히 따져보는 것이 필요하다. 협업은 곧 그 기업의 매출과 비용에 영향을 미치고, 금전적인 부분과 직결되기 때문에 경영자는 실효성을 꼼꼼히 따져야 한다. 매출액의 감소나 내부 비용의 증대를 가져오는 협업은 기본적으로 이윤이 목표인 기업의 입장에선 고려할 이유가 없을 것이다. 협업을 할 경우와 하지 않을 경우에 대한 수치적 분석을 통해 객관적 의사결정을 내려야 하며 잘못된 협업으로 기업은 금전적인 위기를 겪을 수 있다는 것을 명심해야 한다. 그리고 개방적이고 서로 협력하는 조직문화를 만들어야 한다.

협업의 가장 중요한 성공요인은 협력과 협동인데, 폐쇄적인 조직문화를 가진 조직과 기업은 정보 공유나 소통에 있어서 큰 어려움을 겪는다. 상대방과 같은 소속감을 느끼고 모든 것을 공유하는 순간 최고의 성과를 낼 수 있다. 다음으로 경영자는 필요한 물품이나 자본, 장소 등에 대해 전폭적으로 지원을 해야 하는데, 이러한 경영자의 지원은 구성원들의 동기부여나 사기 향상에 도움이 될 것이다. 마지막으로 협력업체와 부서를 전폭적으로 신뢰해야 한다. 그러면 구성원들은 전폭적인 신뢰를 바탕

으로 서로에게 이득이 되는 상생 전략을 택하게 될 것이다.

성공적인 협업을 이루어낸 기업들의 사례를 보자. 볼보(Volvo)그룹과 SK텔레콤, 코네(KONE)엘리베이터 협업사례이다.

볼보그룹은 협력업체의 성장을 위해 일감을 최대한 몰아주어 협력업체를 대형화시키는 방향으로 노력하였다. 그 결과 협력업체와의 장기적인 신뢰관계 구축으로 납품 부품의 가격 하락과 그에 따른 제품 품질을 높이고 있다. 협력업체의 성장이 궁극적으로 납품 부품의 가격과 품질 향상에 기여한 것이다.

SK텔레콤은 중소기업인 크레모텍(Cremotech)에 공동개발에 필요한 특허 9건을 제공하여 휴대장치 등에도 광학기술이 안정적으로 작동할 수 있는 기반을 제공하였다. 또한 SK텔레콤의 R&D기관인 종합기술원의 응용기술 전문가를 공동연구에 참여시켰으며 제품 설계 단계부터 시장에

통할 수 있는 제품을 만들기 위해 상품개발부서 인력도 참여시켰다. 이렇게 2년여 동안의 공동연구로 양사는 2015년 5월 세계 최초로 '레이저 광원 기반 빔 프로젝터'를 개발하였다. 이 기술은 적용 안전 1등급의 HD고화질 해상도를 가진 차세대 기술로, 양사는 공동연구 과정에서 3건의 특허를 출원하는 성과를 올리기도 했다.

코네엘리베이터는 협력업체와의 협업 프로젝트에 자사의 최고 기술진을 상주시켜 직접 의사소통하고 소속감을 느끼게 하였다. 그리고 장기 계약을 통해 신뢰관계를 구축하고 상생을 도모하며 납품 부품의 가격을 낮추고 신기술 개발비를 감소시켰다. 그뿐만 아니라 협업하는 업체가 필요로 하는 부품의 가격이 급등할 경우 공동구매를 통해 협력업체의 부담감을 줄여주었다. 이러한 협력 결과 기술이전 비용이 감소되었고 신기술 개발에 큰 도움을 받게 되었다.

여러분이라면 이런 상황에서 어떻게 대처하겠는가?

치열한 경쟁관계에 있는 영업 1팀과 영업 2팀은 상대팀에 대해 경계의식을 가지고 있다. 어느 날 영업 1팀이 대형 입찰건을 준비하는데 인력과 아이디어가 부족한 상황이다. 영업 2팀과의 협업이 필요하나 지금까지 양 팀의 관계가 좋지 않았다.

다음 중 하나를 선택해보고 선택한 이유를 말한 후 전문가의 의견을 확인해보자.
① 부족하더라도 영업 1팀의 힘으로만 입찰에 참여한다.
② 영업본부장을 설득하여 영업 2팀으로부터 인력 지원을 받아낸다.
③ 영업본부장과 영업 2팀 팀장과 협의하여 협업 방안을 모색한다.

전문가 의견

01. 회사 입장에서도 중요한 대형 입찰건의 수주율을 높이는 것은 영업 1팀의 의무인데 관계적인 측면을 이유로 협업의 가능성을 무시하고 제안을 준비한다는 것은 비합리적인 생각이다.

02. 영업 2팀 팀장과 아무런 소통 없이 권위만을 빌려 인력을 지원받는다면 영업 2팀과의 관계는 더 좋지 않게 되며, 지원받은 인력들 역시 영업 1팀의 지원에 적극성을 갖기 어렵게 됨. 협업을 할 때에는 반드시 상호 간의 이해를 먼저 구하는 것이 바람직하다는 것을 기억해야 한다.

03. 아무리 좋지 않은 관계라 하더라도 상호 목적이 같다면 목적을 우선으로 하여 협업을 진행하며 관계적인 측면에 긍정적인 영향을 끼칠 수 있음. 그러므로 목적을 같게 하는 행위, 예를 들어 영업 2팀의 지원 비중에 따라 매출 성과를 배분하는 등의 합의가 우선된다면 적극적 협업까지도 기대할 수 있게 된다. 협업은 상호 간에 같은 목적을 가졌을 때 가장 큰 힘을 발휘할 수 있다.

\<참고도서\>

1. 강상목·박은화(2018).《협업과 창의적 조직》. 법문사.

2. 교육부(2014).《인성교육 비전 수립을 위한 정책연구》. 진한엠앤비.

3. 김영욱(2015).《갈등 해소와 대체적 분쟁 해결》. 이화여자대학교출판부.

4. 김철영(2018).《직원존중 주식회사》. 미문사.

5. 내털리 커내버·클레어 메이로위츠, 박정준 역(2013).《비즈니스 글쓰기의 모든것》. 다른.

6. 데일 카네기·퀸튼 신들러, 이경남·권오현 역(2014).《인간관계는 소통과 설득이다》. 문장.

7. 레너드 펄드, 박선령 역(2007).《경쟁게임에서 승리하는 기술》. 예지.

8. 로버트 우볼딩, 신난자 역(2003).《동기부여를 위한 효과적인 의사소통 기술(생활심리 이야기 7)》. 사람과사람.

9. 로잔 토머스, 서유라 역(2018).《태도의 품격》. 다산북스.

10. 로저 마틴, 정철민 역(2006).《책임감중독》. 21세기북스.

11. 롯데백화점 서비스아카데미(2012).《세심한 배려가 고객을 사로잡는다》. 청림출판.

12. 미셸 푸코, 심세광 역(2017).《주체의 해석학: 1981-1982, 콜레주 드 프랑스에서의 강의》. 동문선.

13. 박흥식·이지문·이재일(2014).《내부고발자, 그 의로운 도전》. 한울아카데미.

14. 배철우(2016).《인성교육, 독서토론을 만나다》. 정인.

15. 백현주(2017).《성공한 스타에게서 찾은 호감의 기술》. 스노우폭스북스.

16. 서유정·김수진·이지은(2014).《직장 따돌림의 실태 조사와 방지 방안 연구: 제조업을 중심으로》. 한국직업능력개발원.

17. 손승남·김권욱·이수진(2017).《인성교육》. 학지사.

18. 손혁(2017).《투명한 사회에 이르는 길》. 신영사.

19. 아나이스 보르디에·사만다 푸터먼, 정영수 역(2015). 《Another Me(어나더 미): 우리는 왜 기적이어야 했을까》. 책담.

20. 알버트 엘리스·테드 크로포드, 류창현 역(2011). 《의사소통기술: 친밀감 만들기》. 교육과학사.

21. 양승봉·김형석·손봉호·권이종·장영숙(2017). 《올바른 인성과 도덕성 회복을 위한 인성교육 이론과 실제》. 원기술.

22. 엄정식·이기상·김성곤·김문환·윤경로(2012). 《문화는 소통이다》. 철학과현실사.

23. 원기술 편집부(2018). 《올바른 인성과 도덕성 회복을 위한 인성교육 진흥법: 인성교육진흥법, 시행령, 시행규칙,
    인성교육 5개년 종합계획》. 원기술.

24. 윤은기(2015). 《협업으로 창조하라》. 올림.

25. 장진원·정학범·한종문(2009). 《최정예 신입초급 사원 육성을 위한 셀프리딩 트레이닝 40》. 맥그로우컨설팅그룹.

26. 전종희·김선중·양은희(2016). 《창의적 인재양성을 위한 인성교육》. 창지사.

27. 조미옥(2014). 《성공하는 기업의 문화 DNA》. 넥서스BIZ.

28. 지동직(2015). 《배려》. 북스토리.

29. 짐 콜린스·제리 포라스, 워튼 포럼 역(2009). 《성공하는 기업들의 8가지 습관》. 김영사.

30. 천대윤(2019). 《조직갈등 직원갈등 고객갈등》. 삼현출판사.

31. 테아 싱어 스피처, 이지민 역(2019). 《협업의 시대(Collaboration)》. 보랏빛소.

32. 팀 콜러·리차드 돕스·빌 휴에트, 고봉찬 역(2011). 《기업가치란 무엇인가》. 인피니티북스.

33. 폴 마르시아노, 이세현 역(2013). 《존중하라》. 처음북스.

34. 하워드 가드너, 함병헌 역(2010). 《굿워크 굿워커》. 학지사.

35. 한국인성개발연구원(2018). 《덕목별로 정리한 인성교육 체험 프로그램》 2판. 시그마프레스.

36. NH투자증권 백세시대연구소(2016). 《2016 대한민국 직장인보고서》. 백세시대연구소.

싸가지가 있어야 성공한다

4.0시대 성공하는 직장인 필수교과서

초판 1쇄 펴낸날 | 2019년 7월 10일
초판 2쇄 펴낸날 | 2019년 7월 20일

지은이 | 정학범·김수희
펴낸이 | 류수노
펴낸곳 | (사)한국방송통신대학교출판문화원
 03088 서울시 종로구 이화장길 54
 대표전화 1644-1232 팩스 02-741-4570
 홈페이지 http://press.knou.ac.kr
 출판등록 1982년 6월 7일 제1―491호
출판위원장 | 백삼균
편집 | 이성희
디자인 | 김지영

© 정학범·김수희, 2019
ISBN 978-89-20-03435-0 13320

값 13,000원
잘못 만들어진 책은 바꾸어 드립니다.

이 도서의 국립중앙도서관 출판예정도서목록(CIP)은 서지정보유통지원시스템 홈페이지(http://seoji.nl.go.kr)와 국가자료종합목록 구축시스템(http://kolis-net.nl.go.kr)에서 이용하실 수 있습니다. (CIP제어번호 : CIP2019025443)